AF450334

ESSAIS
DE POMOLOGIE

OU

ÉTUDES

Sur l'Art de créer, d'entretenir les Jardins fruitiers et les Vergers et de
leur faire produire sans interruption
la plus grande quantité possible des meilleurs fruits

Par A. F. L

PREMIÈRE PARTIE.

DU CHOIX DES VARIÉTÉS A CULTIVER.

BOURGES,

Chez E. JUST-BERNARD, Libraire, rue Cour-Sarlon.

—

FÉVRIER 1855.

AVIS DE L'ÉDITEUR.

Les observations que nous avons réunies dans ce petit volume n'étaient point destinées à former un ouvrage. L'auteur, dans le but de servir les progrès de la pomiculture, les avait rédigées à la hâte et adressées au *Courrier de Bourges*. Il a bien voulu nous permettre de les recueillir et de les publier sous cette forme nouvelle Nous nous sommes empressé de le faire, persuadé qu'elles pourront présenter quelque utilité.

Ve MÉNAGÉ.

Bourges, 15 février 1855.

POMOLOGIE.

PREMIÈRE PARTIE.

DU CHOIX DES VARIÉTÉS A CULTIVER.

Art. Ier. — Considérations générales.

Sous ce titre, *Pomologie*, nous nous proposons de publier une série d'articles embrassant l'art de créer, d'entretenir les jardins fruitiers et les vergers, et de leur faire produire sans interruption la plus grande quantité possible des meilleurs fruits.

Nous n'avons pas la prétention de donner comme nôtres les idées que nous émettrons. Nous les empruntons aux pomologistes les plus accrédités, dans les temps anciens, surtout à ceux qui ont écrit depuis le commencement de ce siècle. Mais nous nous étayons particulièrement de l'expérience et des observations de quelques amis, que la passion de l'arboriculture a placés à la hauteur des progrès récemment réalisés.

Et d'abord, nous nous demandons comment cet art si utile, si honoré à toutes les époques, qui procure tant d'innocentes jouissances à ceux qui le pratiquent, rencontre si peu d'adhérents dans ce pays. Nous nous demandons comment quand, autour de nous (nous ne parlons pas de Paris), mais dans l'Orléanais, la Touraine, l'Anjou et même le Bourbonnais et la Nièvre, les nouvelles variétés se répandent rapidement depuis quinze ans ; quand les marchés surabondent de fruits magnifiques de forme et de coloris, riches de saveur et de parfum ; comment, disons-nous, nous en sommes réduits à n'acheter, à ne consommer, la plupart du temps, que de maigres produits, sans jus comme sans montant, indigestes et malfaisants.

Cependant, est-il un sol, un climat plus propices à la fructification que le sol et le climat du Berry ? Nous ne le pensons pas. Nous n'avons rien à envier aux plaines crayeuses de la Touraine, au sol schisteux de l'Anjou , aux sables arides du Bourbonnais. Nos plateaux calcaires, coupés de vallées; notre territoire, sillonné de ruisseaux et de cours d'eau, baigné par un grand fleuve, traversé par une rivière de second ordre , avec de riches terrains d'alluvion, présente une admirable variété de conditions favorables, qui se prêteraient à toutes les cultures, à toutes les améliorations. La douceur du climat assure l'aide d'une température sans variations trop brusques. Les hommes|d'initiative n'ont pas manqué. Le créateur de la société d'agriculture, M. de Bengy-Puyvallée, entre autres services rendus à son pays , a publié une excellente monographie sur la conduite et la direction de quelques arbres fruitiers. Ce travail date de plusieurs années ; il a été si peu compris, que non seulement il n'a donné aucune impulsion aux amateurs ou jardiniers, mais que l'on compterait les personnes qui en ont gardé le souvenir.

Jusqu'ici la main de l'homme, le bon vouloir et les soins intelligents ont complètement fait défaut.

A quelles causes tient donc l'infériorité dans laquelle les habitants du département du Cher maintiennent obstinément leurs jardins fruitiers ? Nous pourrions répondre : à une seule. Ils s'imaginent qu'ils feront toujours assez bien, en faisant comme ont fait leurs pères. C'est ainsi qu'à une autre époque ils repoussaient toute amélioration agricole.

Il ne manque pas de propriétaires qui vous disent hardiment que rien n'égalera les fruits des arbres anciennement plantés ; que le *bon chrétien d'hiver*, la *cresane*, le *beurré gris*, le *saint Michel* ou *doyenné blanc* , voir même la *poire à la grand'queue* et l'*angoisse* ne rencontreront jamais de rivaux.

Ils en sont restés au point où l'ancienne *Maison rustique* avait amené leurs ancêtres.

Et pourtant, tous les jours, nous entendons ces mêmes propriétaires se plaindre de ce que leurs arbres ne rapportent plus ou ne fournissent pas des fruits aussi beaux que ceux qu'ils ont vus dans leur enfance. Ils se désespèrent à voir qu'à une année assez abondante l'alternat fait presque toujours succéder une ou plusieurs années de disette. Ils en accusent qui les pépiniériste, qui le sol, qui les saisons.

Qu'ils n'accusent qu'eux-mêmes et leur aveuglement.

Outre qu'ils plantent mal, les anciennes variétés, qu'ils s'obstinent à choisir exclusivement, se sont affaiblies : elles ont dégénéré. Incessamment multipliées par la greffe ou l'écusson, invention tout humaine , purement artificielle, elles ont perdu de leur vigueur native. Les nouvelles, au contraire, créées le plus souvent par le semis , trouvent dans ce procédé toute la puissance de végétation qui ressort des simples combinaisons de la nature.

Est-il bien vrai, d'ailleurs, qu'il soit téméraire d'espérer produire et se procurer du nouveau et du meilleur, en fait de fruits ?

L'histoire est là pour absoudre les novateurs et appeler dans la voie du progrès ceux qui veulent sérieusement améliorer leurs jardins fruitiers.

Sans remonter à l'époque où la Gaule, couverte de forêts, n'offrait à ses habitants que les âpres produits de poiriers ou de pommiers sauvages, plus rudes encore que ceux qu'aujourd'hui le pâtre ramasse, en les dédaignant, dans nos bois, nous pouvons embrasser d'un coup d'œil les immenses conquêtes que la pomiculture a faites successivement.

Du temps de Pline l'Ancien, les Romains, qui rendaient toutes les parties du monde connu tributaires de leur sensualité, ne comptaient que 30 variétés de pommes et 24 de poires. Olivier de Serres n'en a indiqué qu'une quarantaine. Duhamel, dans le milieu du XVIIIe siècle, n'en a décrit que 59 sur 150 alors connues, et Bosc, au commencement du XIXe, 60, sur 200 environ.

Maintenant, il existe 3 à 400 variétés de poires, presque autant de pommes. La moitié au moins est de bonne qualité ; le quart est de qualité égale, souvent supérieure aux meilleures décrites par nos devanciers.

Ce n'est pas tout : les produits les plus recherchés ne sont pas indigènes. Il a fallu importer les premiers plants, les naturaliser, les acclimater ; et souvent l'art européen les a perfectionnés, comme la civilisation apprivoise un animal sauvage.

Nous ne parlerons pas de la *pêche*. Tout le monde sait qu'elle est originaire de Perse, peut-être même plus anciennement d'Éthiopie, et que le ciel d'Europe ou l'art du pomiculteur en a banni quelques principes malfaisants que lui communiquait le ciel natal.

Mais, quand Pline écrivait, il y avait 30 ans à peine que l'*abricot* avait été introduit d'Arménie. Onze variétés de prunes seulement étaient signalées alors. La *prune* de Damas ne fesait que d'apparaître, et celle de toutes, qui est encore la meilleure, n'avait été importée d'Asie par un Appins Claudius que depuis moins d'un siècle. (Elle en a conservé le nom : *reineclaude*) (1).

---

(1) Est-ce le même Appius, qui a doté l'Italie de pommes appelées par Pline *appiennes* ? Nous avons vainement essayé quelques recherches sur ce point. Mais c'est à tort, selon nous, que certains pomologistes ont fait d'Appins, qui l'aurait rapportée du Péloponnèse, l'introducteur et le parrain de la *pomme d'api*. Ils confondent à tort l'*api* avec la *pomme appienne*. La description que Pline donne de celle-ci ne ressemble en rien à notre *api*.

Les Romains avaient, du reste, une excellente coutume. Nous donnons

Le *coignassier* et le *néflier* sont originaires de Cydon, dans l'île de Crète; le *châtaignier* de Castana, ville du Pont (il a d'abord été transporté en Sardaigne, et de là s'est répandu dans toute l'Europe); les *citronniers* de la Médie, les *grenadiers* d'Afrique ; beaucoup de *pommiers* et de *poiriers* de l'Epire et de la Chersonnèse ; les *avelines* du royaume de Pont.

Le *figuier* était inconnu en Italie et en Provence, avant la guerre de Pyrrhus. Il a été emprunté aux Grecs de Chalcis, de Chio et du mont Ida, qui eux-mêmes l'avaient tiré de Troie, d'Hircanie et de Syrie.

Les *pistachiers* furent apportées aussi de Syrie par Vitellius et les *jujubiers* par le consul Papinianus, du temps d'Auguste.

L'*amandier* vient de Perse. Du temps de Caton l'Ancien, il était inconnu en Italie.

L'*olivier*, cette richesse de l'Italie et surtout du midi de la France, n'est rien moins qu'un européen. Selon Fenestella, cité par Pline, son berceau est l'Asie, et sous le règne de Tarquin l'Ancien il n'y avait d'oliviers ni en Italie, ni en Espagne, ni en Afrique et à plus forte raison dans les Gaules.

Un arbre que nous sommes habitués à considérer, en Berry, où il réussit admirablement, comme un véritable compatriote, le *noyer*, est tout simplement un barbare, auquel le temps a octroyé ses lettres de naturalisation. La Grèce l'a donné à Rome. La Grèce l'avait reçu de Perse.

Et la vigne ; les Grecs l'avaient tirée d'Asie, au dire de Plutarque. Elle passa ensuite dans le Latium, puis se répandit de proche en proche, s'améliora, se perfectionna par la culture. Les Phocéens en avaient enrichi les Gaules, en même temps qu'ils jetaient sur leurs rivages la colonie marseillaise: prix inestimable de quelques arpents d'une plage aride !

Mais, dans le Latium même, du temps de Numa, le vin était si rare, qu'il fut rendu un décret pour défendre d'en arroser les funérailles. Lucius Papinianus, général contre les Samnites, le considérait comme chose de si grand prix et d'une acquisition si difficile, qu'il fit vœu d'en offrir un petit gobelet à Jupiter, s'il revenait vainqueur de l'ennemi.

Cette moisson des siècles passés est-elle assez riche ?

Où en serions-nous, si les Grecs, les Romains et les Gaulois vaincus, qui se sont approprié les progrès de leurs vainqueurs, avaient fait le beau raisonnement dont nous parlions, en commençant cet article ? S'ils s'étaient

---

à nos fruits nouveaux, comme à nos fleurs, les noms les plus bizarres, sans qu'on puisse deviner le motif de ces étranges baptêmes, le rapport de la chose nommée avec le nom qu'on lui inflige ; eux donnaient à leurs fruits le nom des importateurs. C'est ainsi que nous trouvons des pommes *manliennes*, *dolabelliennes*, etc. Ils honoraient ces utiles recherches, et des personnages consulaires s'honoraient de s'y livrer.

mmobilisés dans une routine obstinée, rejetant toute importation nou-
;velle ?

C'est aux progrès incessants et aux efforts persévérants de toutes les
générations qui nous ont précédés, que nous devons ces vins variés, qui
font le bonheur de l'œnophile, l'orgueil de la France et la branche la plus
riche peut-être de son commerce extérieur ; ces fruits d'espèces si diverses, depuis la pêche, fruit plus beau qu'une fleur, au coloris brillant, au
velours mi-pourpre, mi-or, dont l'eau délicate et bienfaisante rafraîchit le
palais des ardeurs de la sécheresse estivale, jusqu'à la poire, haute en
goût, fondante en chair et à la pomme plus verte de saveur, d'une garde
plus facile, qui prolongent l'une et l'autre les jouissances de l'été au cœur
de l'hiver ; tous ces fruits enfin que, grâce aux chemins de fer, l'Angleterre nous enlève au prix de l'or.

Imitons donc nos devanciers. Tout nous y encourage. Imitons nos voisins. Loin de proscrire ou de dédaigner les nouveautés fruitières, il nous
faut les rechercher, les étudier, les acclimater et les civiliser en quelque
sorte.

Que disons-nous ? Ce n'est même pas à cette tâche, difficile peut-être
et qui, dans tous les cas, exige un certain esprit de suite, que nous con-
vions nos lecteurs. Nous ne voulons, tout en rappelant les bons fruits anciennement connus, que leur dire quels gains ont été faits par la pomiculture : quels sont les mérites et les qualités des conquêtes de ces derniers
temps. A eux de choisir ensuite dans cette espèce de catalogue raisonné,
suivant leurs convenances personnelles ou locales.

Avant de tracer cette nomenclature, comme nous la comprenons, nous
verrons dans un prochain article combien sont fécondes les sources diverses auxquelles on peut puiser aujourd'hui, pour enrichir le domaine de
Pomone.

Art. 2. — Sources diverses des variétés nouvelles
d'arbres fruitiers.

Le premier moyen, celui qui a fourni le contingent le plus considérable
de nouveautés, c'est l'importation des pays étrangers. Ce que nous avons
dit précédemment a démontré que les fruits les plus délicats, les plus savoureux, notamment les fruits à noyau, étaient tous exotiques. L'Asie leur
a surtout donné naissance. Depuis, l'industrie n'a fait que créer des sous-
variétés par les semis. Aujourd'hui encore, c'est à ces contrées ou aux
parties orientales de l'Europe qu'il faut demander des plants, si l'on veut
obtenir quelque chose de vraiment nouveau et de vraiment remarquable.

Mais, malgré la facilité des relations internationales, cette veine a été peu exploitée jusqu'à ces derniers temps. On compte tout au plus dix variétés de poiriers et quinze de pommiers, introduites de Crimée et de Hongrie. Ces acquisitions précieuses sont dues aux frères Audibert, de Tarascon. — Pour les fruits à noyau, nous leur devons l'abricotier de Syrie, dont nous donnerons la description. L'expédition d'Egypte ne nous a valu qu'un seul gain, le pêcher *Michal*, dont un noyau avait été rapporté vers 1802 par un officier de santé attaché aux armées, puis planté à Grenoble, d'où l'espèce s'est répandue dans le Dauphiné. La Turquie nous a donné les abricotiers *musch-musch*, et ceux dits de Turquie.

Mais un fait seul fournira la mesure des avantages qui peuvent résulter des importations de l'Asie. Un riche Anglais, passionné pour l'arboriculture, M. Barker, s'était établi, il y a longtemps, à Chédiah, près de Damas. Là il employait sa grande fortune à réunir dans ses jardins les arbres du pays et à en faire collection. Il remarqua un pêcher, de l'espèce des *brugnons* ou *nectarines*, entièrement différent de tous ceux qu'il avait vus en Europe. Il voulut en doter son pays, et après bien des efforts il en fit parvenir quelques plants au duc de Devonshire. Vers 1845, les premiers fruits parurent, et, soumis aux sociétés d'horticulture anglaises, ils furent trouvés exquis. Nous-mêmes avons été à même de goûter l'un de ces fruits, et nous pouvons affirmer qu'aucune de nos meilleures pêches n'égale la délicatesse, l'eau sucrée et fine de ce *brugnon*, auquel on a donné le nom de *stanwick*. Les Anglais ont si bien apprécié ses qualités supérieures que les vingt-quatre premiers pieds, en greffes d'un an, mis dans le commerce, ont été vendus aux enchères moyennant 4,120 fr. Cet arbre précieux commence à paraître chez les grands pépiniéristes de Paris, notamment chez Jamin-Durand, à Bourg-la-Reine.

Le même Barker a enrichi l'Angleterre de l'abricotier *kaïsha*. D'après le journal de la société royale d'horticulture de Londres, le fruit a mûri en 1850 sur un arbre en espalier, dès le mois de juillet, bien que l'été n'ait pas eu de fortes chaleurs. On a remarqué qu'il y avait à côté des abricotiers *turcs* et *moorpark*, deux espèces excellentes et précoces. Leur fruit était encore vert et dur, comme s'il n'avait jamais dû mûrir, lorsque le *kaïsha* figurait avec honneur au dessert.

Le jardin de M. Barker contenait des richesses de tous genres en abricotiers, pêchers, pruniers et cerisiers, lorsque la mort est venue surprendre cet amateur zélé.

Mais comment de toutes ces richesses en est-il si peu parvenu en Europe? Comment, avec la rapidité et la facilité actuelles des transports, deux ou trois gains seulement ont-ils pu être transmis en vingt ans par M. Barker? Il paraît que les troubles du pays ont souvent amené le sac de ses jardins, interrompu ou perdu ses expéditions ; la mauvaise foi des agens indigènes chargés du transport ne permettait pas aux ballots d'arriver au port d'embarquement. Enfin, la peste étant endémique en Orient, toutes ses provenances sont soumises à des règlements sanitaires d'une excessive sévérité. Les quarantaines, les fumigations délétères, le passage au vinaigre bouillant, rien n'est épargné aux denrées de ce pays. Qu'on juge de l'état dans lequel étaient mis les semences etles plants de M. Barker. Aussi son *stanwick* a-t-il subi plus de vingt épreuves avant d'arriver sain et sauf.

Espérons qu'après M. Barker il se trouvera quelqu'amateur zélé pour continuer son œuvre. Espérons surtout que les événements actuels, en resserrant les liens qui unissent l'Occident à l'Orient, permettront d'applanir les difficultés sans nombre qui nous ont jusqu'ici empêchés de profiter plus largement de ces ressources qu'on dit aussi variées que remarquables.

La Chine, qui vient de s'entr'ouvrir pour l'Europe, pourra aussi être mise utilement à contribution. Ce qu'en racontent quelques voyageurs anglais promet, dans un avenir plus ou moins rapproché, des importations de nature à émerveiller par la nouveauté et les qualités distinguées de fruits tout à faits inconnus.

L'autre hémisphère, moins riche en fruits à noyau, surtout en fruits de premier ordre de cette espèce, égale déjà presque l'Europe pour le nombre et la variété de ses fruits à pepins, du moins de [ses pommes. — Le *prunier* ne réussit guère aux Etats-Unis. Les insectes s'opposent à sa fructification, sauf dans quelques portions privilégiées de l'Etat de New-York et de l'Ouest. Aussi le commerce ne leur doit-il que quelques nonveautés, telles que la *chicasaw jaune*, la *washington*, la *purple favorite*, la *merveille de New-York*, la *jeffesson*. Cette dernière seule est vraiment supérieure. Elle surpasse en grosseur et en beauté la *reine claude :* elle en approche pour la qualité. Ajoutons-y l'*impérial gage*, dont les mérites ne sont pas à dédaigner.

Si l'on en croyait les Américains, ils obtiendraient les plus belles et les meilleures pêches qui se puissent voir. Ils auraient des vergers considérables, plantés en pêchers de plein vent, donnant des récoltes abondantes de fruits succulents et approvisionnant leurs grands centres à bon marché. Nous concéderons volontiers que sous leur climat, dans leur sol vierge, les pêchers végètent plus vigoureusement que chez nous ; qu'ils y acquièrent des dimensions considérables et produisent des fruits d'un volume comparativement énorme. Mais qu'il nous soit permis de douter de la qualité. Nous connaissons la description de 40 environ de leurs variétés ; et il nous a été donné d'apprécier quelques-unes de celles qui sont les plus vantées : la *white blossom* (blanche fleur) n'a rien qui flatte le goût ; l'*early purple* (pourpre précoce), un peu meilleure, n'est guère qu'une pêche de vigne passable ; la *caroline incomparable*, à chair ferme, manque de sucre; la *congress*, la *superlativa*, l'*orange peach*, ne nous semblent devoir être classées que dans les pêches de seconde qualité.

Excepté quelques pruniers, nous pensons donc que nos jardins ont peu à espérer des Etats-Unis, dans le genre des fruits à noyau.

Il en est autrement des fruits à pepins. Les pépiniéristes vendent depuis longtemps quelques-unes de leurs espèces de poiriers, et il en est d'excellentes. La *dearborn seedling*, l'*heat-kol de gore*, se placent à côté de nos bons fruits. Rien de plus fin, de plus hautement parfumé que la *secklepear*, et nous ne connaissons pas pour la beauté et la bonté de poire d'été supérieure à la *bartlett de Boston*, que les Anglais se sont appropriée, en changeant son nom en celui de *bon chrétien william*. Parmi celles qui sont à peine connues et par conséquent peu répandues, nous citerons les *legett*, *lott pear*, *newton virgalien*, *prince seed Virgalien*, *Rushmore american*, *collins*, *cross*, *osband's summer*, *Reid's seedling*, *swans orange* et la belle et bonne poire *columbia*. Il en est bien d'autres que nous pourrions nommer. Nous nous en abstenons, parce que nous ne voulons parler que de ce que nous avons éprouvé.

Mais la véritable richesse de l'Amérique consiste dans ses collections de pommiers. Comme toute la race anglo-saxonne et à l'exemple de l'Angleterre, l'Amérique a donné des soins particuliers à cet arbre de prédilection, qui est pour elle un objet d'immense exportation. Déjà, dès 1807 ou 1808, M. Lelieur, de Ville-sur-Arcs, en avait introduit quelques-unes, entr'autres la *belle Joséphine*, d'une incomparable beauté, et la *monstrous pippin* ou *gloria mondi*, qui atteint jusqu'au poids d'un kilogramme. Plus tard l'Angleterre, la Belgique, la France ont fait d'autres acquisitions. Enfin, dans ces derniers temps, MM. Audibert ont, à eux seuls, rapporté près de 150 variétés. La nomenclature en est trop longue, pour que nous la donnions ici ; nous ferons notre choix plus tard à l'article du pommier. Mais nous avons hâte de dire qu'il en est quelques-unes de fort remarquables, particulièrement dans les fruits d'été et d'automne.

Ce qui les caractérise , c'est un coloris brillant, un volume énorme et une saveur *sui generis*, qui ne ressemble en rien à celle des fruits d'Europe.

Ici donc tout est nouveau et l'amateur aura à choisir entre des espèces aussi différentes entr'elles, qu'elles diffèrent de ce que nous connaissions.

Chose remarquable cependant ! ces fruits qui ont pris un cachet propre, qui se présentent avec leur originalité, sont incontestablement les enfants des nôtres. L'Amérique, avant d'être envahie par l'Europe, n'avait ni fruits à noyau, ni fruits à pepins : les premiers colons ont déposé dans son sein les semences des produits de la mère patrie. Aidées par une température tout autre, par un sol et un ciel nouveaux par des semis incessamment renouvelés, ces semences ont donné des fruits qui, comme leurs planteurs, ont rompu tout lien avec leur souche, se sont émancipés, créé des habitudes, des mœurs, des caractères tranchés. Et maintenant qu'ils nous reviennent avec leurs nuances semi-primitives, semi-barbares, qui sait l'action qu'exercera sur eux le contact de la vieille civilisation, le retour, après quelques générations, au sol et au ciel des aïeux ! Combien de variétés précieuses peuvent sortir de la combinaison de ces influences diverses !

Mais l'Amérique nous a rendu un autre service : longtemps les variétés nouvelles avaient été le produit du hasard. Un pepin emporté dans les bois par le vent ou les oiseaux leur avait donné naissance. La pomiculture en profitait, si la Providence plaçait sous la main d'un connaisseur l'arbre provenu de ce semis et lui faisait deviner ses qualités nouvelles. C'est à de pareilles bonnes fortunes que nous devons la *duchesse d'Augouléme*, le *beurré Saint-Nicolas* et tant d'autres. Mais que de pertes ! Que d'excellents fruits ont ainsi péri, sans jamais avoir été soupçonnés !

Frappés de ce qui s'était passé en Amérique, des arboriculteurs, de véritables savants, étudièrent les procédés dont la nature s'y était servi pour créer tant de choses nouvelles. L'observation leur livra bientôt ce secret : ils l'érigèrent en système et de là la théorie de la création des variétés par les semis successifs. Le père, le propagateur de cette belle théorie, est l'illustre Van Mons, qui a ainsi produit un nombre considérable de fruits nouveaux de toute espèce. Presque tous sont bons ; beaucoup sont de qualité supérieure.

D'autres maintenant marchent sur ses traces ; ce sont les Espérin, Bivort, Rivers, Buel, de Bavay, Goubault.

Et qu'on ne croie pas que les Belges ont le privilége de ces créations. La France a produit tout autant de nouveautés que la Belgique. Certaines contrées privilégiées, l'Anjou, par exemple, en éditent tous les ans. Il existe dans ce pays, non-seulement des pépiniéristes distingués, comme André Leroy, mais une réunion d'amateurs zélés, formés en comice horticole, qui donne l'impulsion la plus énergique à tout ce qui intéresse la pomiculture. Aussitôt qu'il paraît une variété, elle est soumise au comice qui la juge, la nomme et la classe dans la première, deuxième ou troisième qualité, ou la rejette. Tout sujet admis a sa place dans le magnifique jardin de la société. Il y est soumis à une culture raisonnée. Il porte désormais son passeport, qui lui permet de circuler de pépinière en pépinière, de jardin en jardin.

Assurément, il existe en France nombre de départements dans lesquels des succès pareils pourraient être obtenus. Il ne manque, pour les y provoquer, que des sociétés aussi solidement organisées que celle d'Angers, un esprit d'initiative et de persévérance aussi intelligent.

D'autres ont essayé d'ajouter à la théorie de Van Mons ; ils se sont demandé si le croisement des races, si fécond en résultats pour la reproduction et l'amélioration des animaux, ne pouvait pas être appliqué avec avantage aux végétaux ; si, par exemple, alliant les qualités opposées ou contraires de deux fruits, tels que la *duchesse d'Angouléme* et la *Cresane*, le *Saint-Germain* et le *Doyenné ;* on ne pouvait pas arriver à composer quelque chose de plus fin, de plus parfait, de plus exquis. Cette première question les a conduits à rechercher par quels moyens pouvaient se fondre les éléments de deux fruits congénères. Ils ont commencé par les espèces qui se prêtaient le plus facilement à ces mélanges, et là encore ils se sont inspirés de la marche de la nature. Ils ont vu que dans les cucurbitacés, si un plant de melon cantaloup se trouvait voisin d'un ananas, par exemple, il arrivait souvent que les fruits participaient par leur saveur de l'une et de l'autre variété. Cette variation tenait évidemment à ce que les matières séminales étaient transportées d'une fleur sur une autre et se fécondaient réciproquement. De là à l'invention de moyens artificiels pour favoriser le mélange, il n'y avait qu'un pas. L'expérience a été faite, répétée souvent pour les cucurbitacés et elle a parfaitement réussi.

Mais les fleurs des arbres fruitiers s'y prêtaient moins facilement. Beaucoup ont essayé cette fécondation artificielle, que l'on appelle *hybridation*. Chez les Anglais, Knight, président de la société d'horticulture de Londres et W. Herbert, ont fait beaucoup d'expériences. Kœlreuther a publié en latin plusieurs articles sur le même sujet dans les mémoires de l'académie de Saint-Pétersbourg. En France, Duchesne et Sageret s'en sont aussi occupés. Dans plusieurs mémoires, ce dernier décrit des procédés ingénieux ; ses observations, ses réflexions, ses résultats y sont consignés. Il assurait, en 1830, posséder une très grande quantité d'arbres hybrides, tels que pommiers, amandiers et amandiers-pêches. Mais il ne paraît pas qu'il en soit sorti quelque création remarquable, car le commerce si intelligent de Paris a peu emprunté aux découvertes de Sageret.

Est-ce à dire qu'il faille faire son deuil de l'hybridation, en fait de fruits ? Nous ne le pensons pas. Nous sommes même convaincus que la nature a suivi cette marche dans beaucoup de circonstances ; que tel fruit distingué, trouvé par hasard dans un bois, une haie, n'est que le produit d'une hybridation. Ce sont donc des expériences à refaire, à suivre avec persévérance, par des procédés plus perfectionnés. C'est affaire de temps et de patience. L'industrie et le génie de l'homme aidant, cette mine récente, ouverte depuis quelques années seulement, ne manquera pas d'être exploitée par de plus habiles et de fournir son contingent de jouissances.

Art. 3. — Nomenclature et catalogue raisonnés des meilleures espèces d'arbres fruitiers que nous conseillons de planter.

§ Ier. — FRUITS A NOYAU.

Les arbres compris dans cette section, sont de la famille des rosacées, ordre des drupacées. Leur fruit est composé d'une ou de deux amandes, renfermées dans un noyau ligneux, recouvert d'une enveloppe plus ou moins charnue appelée drupe. L'ovaire est simple, libre, surmonté d'un style. Le nombre des étamines est indéterminé.

Cinq genres produisent des fruits comestibles.

Ce sont l'*amandier*, l'*abricotier*, le *pêcher*, le *prunier* et le *cerisier*.

L'AMANDIER (*amygdalus*).

Il est originaire de la Haute-Asie, comme nous l'avons dit. Il est l'objet d'une culture importante dans le midi. Il réussit assez bien sous le climat de Paris et, par conséquent, dans le centre de la France.

Nous connaissons :

Le *Commun*, qui est le plus productif de tous. Son fruit est moyen, oblong, dur, doux. Il paraît être le type primitif de toutes les autres variétés. (Duhamel)

A fruits unis. — Gros, ovale, comprimé, mi-dur, doux. (Poiteau.)

A coque tendre. — Gros, oblong, tendre, doux. (Duhamel.) Le plus estimé de tous.

A très gros fruits. — Oblong, très gros, mi-dur, doux. (Poiteau.) Superbe et très bon.

Amer. — Moyen, oblong, dur, amer. (Duhamel). D'un emploi fréquent pour les confiseurs.

Courbé. — Gros, arqué, dur, amer. (Poiteau.) Même usage que le précédent.

Fin ou des dames. — Moyen, ovale pointu, tendre, doux. (Duhamel.) Le plus tendre de tous.

Pistache ou noisette. — Petit, rond, mi-tendre, doux. (Duhamel.)

Princesse. — Très gros, long, dur, doux. (Duhamel.) Malgré le gros volume du fruit, l'amande n'est pas plus grosse que les amandes ordinaires, mais c'est la plus parfumée.

Sultane. — Gros, oblong, tendre, doux. (Duhamel.)

Les racines de l'amandier pivotent à une grande profondeur. Il faut donc éviter de le planter dans les terrains humides, à eau stagnante. Il réussit dans tous les autres terrains, mais les sols calcaires sont ceux qui lui conviennent le mieux. Il donne beaucoup de fruits et des fruits meilleurs dans les terrains siliceux. Il s'y épuise vite.

On a l'habitude de le planter aux expositions chaudes, et cette préférence paraît rationelle au premier abord; venu d'un climat brûlant, il semble que les conditions les meilleures sont celles qui l'en rapprochent le plus. Cependant, dans cette situation il fleurit trop tôt et presque toutes ses fleurs sont détruites par les gelées printanières. Au nord, au contraire, sa floraison est retardée ; elle est moins exposée.

Il n'a besoin d'aucune taille : les amputations lui sont même funestes. Il suffit d'enlever les branches mortes ou qui meurent.

A la différence de la plupart des autres arbres, il se trouve bien d'un terrain battu et tassé à son pied. Aussi réussit-il parfaitement dans les cours pavées, le long des rues et des chemins.

Le mode de multiplication le plus sûr est l'écusson à œil dormant.

L'ABRICOTIER *(prunus Armeniaca)*.

Originaire de l'Arménie, où il se trouve à l'état sauvage, ainsi que dans quelques autres contrées de la Haute-Asie et de la Perse.

Parmi les variétés anciennes, nous distinguons :

Albergier de Tours. — Petit, rond, aplati, jaune-rouge, tendre. (Duhamel). De 1re qualité, très fertile et d'un grand usage en Touraine. Mûrit en août.

Albergier à gros fruit. — Moyen, rond, jaune-rouge. tendre. (Dalbret), même époque de maturité : 1re qualité.

Blanc hâtif. — Petit, orangé, oblong, jaune pâle, fibreux. (Duhamel). 2e qualité. — Maturité juillet. — Chair un peu sèche, mais parfumée.

Blanc tardif. — Ne diffère du précédent que par l'époque de maturité, qui arrive environ un mois plus tard.

Tous deux sont les meilleurs pour confire. On les cultive en grand en Auvergne, où l'on en fait ces pâtes si estimées dans le commerce.

Gros rouge hâtif (synonime, *Gros hâtif de Saint-Jean*, d'Alexandrie). — Gros, oblong, orangé, tendre. (Thompson). — 1re qualité. — Maturité commencement de juillet. Gros fruit précoce, à chair fine et fondante.

Péche. — Gros, rond aplati, jaune orangé, fondant. (Duhamel). — 1re qualité. — Maturité, commencement d'août. — Il est excellent.

Péche de Nancy, (synonime *péche oblong*). — Gros, rond aplati, jaune orangé, fondant. (Duhamel.) — 1re qualité, maturité fin juillet. C'est une variété plus grosse et plus précoce du précédent.

D'Ampuy, sous-variété de l'*abricot-péche*. — Maturité fin juillet. — 1re qualité, gros, saveur très agréable.

Royal hâtif. — Moyen, rond, orangé, fondant. (Noisette.) — Maturité fin juillet. Moins gros que les précédents, avec lesquels il a les plus grands rapports et dont il paraît être une autre sous-variété. Obtenu au jardin du Luxembourg.

De Vaucluse, autre sous-variété de l'*Abricot-Péche de Nancy*. — C'est le plus gros fruit connu. Sa qualité est au moins égale, sinon supérieure à son type. Il mûrit à la mi-août. (Bravy).

Précoce ou Hâtif (synonime *Abricotin*). — Petit, rond, jaune pâle, ferme. (Duhamel.) — Maturité fin juin et commencement de juillet. — 2e qualité. Il est légèrement musqué et recherché pour sa précocité. Il a besoin d'une exposition chaude.

Précoce d'Espéren. — Obtenu par le major Espéren. — Gros, très fertile, maturité commencement de juillet.

Commun. — Moyen, arrondi, jaune pâle, tendre. (Duhamel.) — 2ᵉ qualité, maturité mi-juillet. Il est jaune lavé de rouge en plein vent.

Les Anglais vantent le *Bréda*, originaire d'Afrique. — Gros, rond et d'un jaune foncé. Il est tendre et plein de jus. Sa maturité a lieu vers la fin d'août. (Forsyth.)

Moor-Parck. — Gros, arrondi, rougeâtre, fondant. (Thompson.) — Maturité fin juillet. D'un goût très relevé. Nous le considérons comme de toute 1ʳᵉ qualité.

M. Jamin Durand a, dans ces derniers temps, mis dans le commerce trois variétés très méritantes :

L'Abricot Pourret. — Gros, fertile, de 1ʳᵉ qualité, mûrissant à la mi-août. Il est d'un beau jaune, tacheté de rouge ; sa chaire est succulente et vineuse.

L'Abricot Viard. — Gros, très fertile, 1ʳᵉ qualité, maturité commencement d'août. Plus de couleur encore que le précédent. Sa chair est extrêmement fondante et juteuse.

L'Abricot Beaugé. — Arbre fertile, à gros fruits, mûrissant au mois de septembre.

Les fruits qui nous sont venus de l'Orient dans ces derniers temps, sont les suivants :

Musch-Musch, de Turquie. — Il est moyen, arrondi, jaune orangé, fondant. (Noisette.) — Il mûrit fin juillet. Mais nous le classerions difficilement dans les fruits de 1ʳᵉ qualité, son jus étant un peu fade.

De Turquie. — Gros, jaune foncé, mûrit dans les derniers jours d'août.

Kaïsha. — Moyenne grosseur, jaune pâle du côté ombragé, pointé de rouge du côté exposé au soleil. Il est très précoce. Sa chair, qui se détache facilement du noyau, est d'un jaune citron, d'une saveur agréable, très juteuse et très sucrée. Le noyau, arrondi et peu volumineux, renferme une amande parfaitement douce. (Papeleu.)

De Syrie. — Petits fruits ovés, d'un orangé pâle, très précoces, maturité fin juin. La chair en est exquise et parfumée. Simplement desséchés au soleil, ils font une sorte de confiture des plus agréables. (Audibert.) — L'arbre est peu vigoureux, de petite taille. On pourrait en faire des nains, élevés en pots. En pleine terre, il réussit très bien en espalier ou buisson.

Quant au mode de multiplication, deux espèces seulement, l'*Alberge*, et le *Précoce* ou *Abricotin* se reproduisent franchement de noyau. L'*Abricot-Pêche* se reproduit avec certaines nuances ; mais les sujets de semis donnent généralement des fruits bons et beaux, quoique différant plus ou moins sensiblement du type.

Tous les autres doivent être greffés, de préférence en écusson à œil dormant. Deux sortes de sujets sont employés par les pépiniéristes, savoir : l'*Amandier* : il convient parfaitement dans les terres calcaires, chaudes, sèches et pierreuses. Il est regrettable qu'on s'en serve si rarement. Cela vient probablement de ce que parfois la greffe se décolle sous l'effort des vents.

L'autre est le prunier, dont on fait usage le plus souvent. Il convient à peu près dans tous les terrains, moins dans les calcaires.

Mais il faut se garder de greffer des sujets venus de drageons.

Ils donneraient de nombreux rejetons qui épuiseraient l'arbre promptement : ils seraient sujets à la gomme et périraient en peu d'années.

Un excellent sujet pour la greffe est l'abricotier franc de noyau : il produit des arbres plus rustiques, moins sujets à la gomme et autres maladies, et l'on s'étonne que les pépiniéristes le dédaignent. Ils connaissent bien ses qualités ; mais comme ces arbres ont besoin de quelques soins pour pousser droit, les pépiniéristes aiment mieux le prunier qui leur épargne quelques frais.

L'abricotier se place en espalier. Les expositions convenables sont le levant et le midi. Il ne réussit guère au couchant, où la fleur se dessèche. Les fruits sont très beaux en espalier ; mais ils ont peu de saveur.

En plein vent, au contraire, ils acquièrent toutes leurs qualités, tout leur coloris, surtout dans les années chaudes. Quand on les plante sous cette forme, forme préférable à toutes les autres, selon nous, il faut les abriter convenablement contre les vents de l'ouest qui, régnant en mars et avril détruisent les fleurs. La meilleure position est sur les versants exposés à l'est. Il faut les éloigner des cours d'eau, parce que les brouillards affectent le jeune fruit, le tachent et le font tomber.

Mais leur principal ennemi, ce sont les gelées tardives du printemps. Comme ils entrent en inflorescence en mars, les moindres gelées les saisissent et la récolte toute entière est perdue. C'est pour cela que nous avons si rarement des abricots de plein vent et par suite de bons abricots.

Aussi serait-il fort à désirer que l'on pût se procurer des variétés tardives et bien des efforts ont été tentés dans ce but. Sageret avait remarqué que les graines importées du midi sont hâtives à Paris, et les graines importées du nord tardives. Il conseillait donc de tirer des noyaux des variétés les plus tardives des pays les plus septentrionaux par rapport à nous, et de les semer dans les expositions et les terrains les plus froids. Il pensait que, grâce à cet expédient, nous obtiendrions des variétés tardives à pousser et à fleurir.

Ce conseil a-t-il été suivi ? A-t-on échoué dans ces tentatives ? Nous l'ignorons. Mais nous attendons encore des variétés plus tardives.

On garantit les espaliers contre les gelées au moyen de toiles d'emballage ou de légers paillassons. Mais ce moyen est assez coûteux ; il ne peut guère s'appliquer aux plein vent, si ce n'est pour de jeunes arbres, autour desquels on peut à la rigueur soutenir des toiles avec des perches. Ces procédés sont bien insuffisants, souvent impraticables.

Aussi les jardiniers des divers pays en ont-ils essayé d'autres.

Aax environs de Paris, on attache sur les branches, de distance en distance, des paquets de fougère, des rameaux d'arbres verts, des tiges de haricots. De cette façon, même après les printemps les plus défavorables, on sauve une certaine quantité de fruits, dans les parties abritées.

Sur les bords du Rhin, en Allemagne et en Belgique, vers le mois de février, on découvre légèrement les racines de l'arbre : la végétation en ressent un certain trouble. Elle est sensiblement retardée et la floraison ne s'opère que quand les gelées sont moins à craindre. Mais cette pratique cause de nombreuses maladies. La vie de l'abricotier est singulièrement abrégée.

M. André Leroy d'Angers en emploie une autre. Dès que les fruits sont récoltés, il taille en vert à moitié ou aux deux tiers toutes les pousses de l'année. Par cette méthode, il refoule la sève, qui nourrit mieux le bois nouveau. Celui-ci, non-seulement est retardé dans sa végétation pour l'année suivante, mais il s'aoûte mieux : il se dispose à donner des productions plus vigoureuses et plus capables de résister aux intempéries.

Depuis quelques années, nous avons eu recours à ce moyen, et nous devons dire que, sans interruption, nous avons obtenu sur nos plein vent des récoltes remarquables par la quantité et la qualité, alors que nos voisins n'avaient pas d'abricots.

L'abricotier s'arrange de toute espèce de terrains : quoiqu'il vienne bien dans les terres argileuses, compactes et humides, il y est plus sensible à la gelée, donne moins de fruits et de moins bonne qualité. Il y est plus sujet à la gomme et dépérit promptement.

Les fruits ont toute leur perfection dans les sols légers, sablonneux ou calcaires.

Il aime assez les engrais ; mais il ne faut lui en donner que de bien consommés.

Dans les années favorables, il se charge de fruits outre mesure. Il faut les éclaircir, quand ils ont atteint la grosseur d'une aveline. Sans cette précaution, ils seraient petits, sans saveur. Souvent même ils se rideraient et tomberaient avant d'avoir atteint un degré convenable de maturité.

Mais il est surtout un conseil que nous devons recommander pour les plein vent. — Presque partout, ils sont abandonnés à eux-mêmes. On ne leur enlève même pas les branches mortes. Ils se dégarnissent par le bas, ne poussent plus qu'à leurs extrémités, ne donnent que des produits maigres et avortés sur quelques rares bouquets et périssent au bout de quelques années.

Il suffit d'étudier leur mode de végétation, pour demeurer convaincu qu'un autre traitement leur est indispensable. Ils poussent comme le pêcher et aussi vigoureusement que lui. Toute leur sève se porte dans le haut. Il est bien évident que, si l'on n'y met pas obstacle, les parties inférieures, puis de proche en proche, le milieu, les deux tiers, seront bientôt abandonnés et desséchés. Toute la vie sera reléguée aux extrémités.

Il faut donc qu'il soit taillé et taillé avec intelligence. Et d'abord, tous

les gourmands inutiles à la forme régulière de l'arbre devront être suppri-
més. Il serait mieux de les pincer (nous dirons plus tard ce qu'est le pin-
cement), que d'attendre leur développement. Puis, si l'on ne suit pas le
procédé Leroy, dont nous avons parlé plus haut, chaque année, au commencement de février au plus tard, mais après les fortes gelées, on retranche les branches qui font confusion, et l'on coupe à moitié ou aux
deux tiers de leur longueur, selon leur force, les branches à bois de l'année précédente.

Dubreuil, dans sa dernière édition, page 670, indique un mode d'édu-
cation qui participerait des avantages des plein vent et de l'espalier. « Il
« consiste à planter les abricotiers en contr'espalier, puis à placer du
« côté le moins bien exposé une sorte de paillasson de la hauteur du
« contr'espalier. Ce paillasson produit l'effet d'un mur. Il est attaché sur
« des pieux enfoncés dans le sol de 2 mètres en 2 mètres et qui sup-
« portent en même temps le treillage. A 40 centimètres en avant des
« contr'espaliers, on enfonce tous les 2 mètres une ligne de pieux s'éle-
« vant à 10 centimètres de moins que les autres. Au sommet de ces
« pieux, on fixe solidement deux traverses, qui servent de support à d'au-
« tres paillassons. Ces abris sont placés vers le commencement de février
« et enlevés vers le milieu du mois de mai. Les fruits sont alors parfaite-
« ment noués ; et comme, depuis ce moment jusqu'à leur maturité, ils
« sont placés dans les mêmes conditions que les abricotiers en plein vent,
« leurs fruits présentent exactement les mêmes qualités. »

Nous n'avons pas personnellement expérimenté cette innovation. Mais
est-il bien vrai que les arbres soient dans les mêmes conditions qu'à haute
tige ? Ils sont soumis à une taille toute différente, celle de l'espalier : ils
sont rapprochés du sol ; or, ce qui paraît surtout favoriser l'abricot de
plein vent, c'est le grand air circulant librement dans les branches.

Nous conservons donc encore quelques doutes, malgré l'autorité si res-
pectable de Dubreuil.

Art. 4. — Le Pêcher (*amygdalus Persica*).

Le pêcher, malgré son origine, s'est facilement acclimaté et même perfectionné dans toutes les parties tempérées de l'Europe. Mais aussi à quels
soins, à quelle culture intelligente n'a-t-il pas été soumis ? Tout le monde
connaît l'histoire de son introduction à Montreuil et du développement qui
lui a été donné.

Les semis de noyaux ont produit un grand nombre de variétés ; Duhamel en a décrit 43 et Bosc 54 ; plusieurs auteurs ont donné des classifica-

tions par groupes. Cette division est peu utile dans la pratique, et nous nous bornerons à faire deux sections :

L'une des *pêches proprement dites ;*

L'autre des *Brugnons ou nectarines.*

PÊCHES PROPREMENT DITES.

A bec. — Moyenne, oblongue, fertile. — 1re qualité, maturité fin juillet. — *Avant pêche blanche*, petite, ronde, blanche adhérente. — 2e qualité, maturité fin juillet. — *Desse hâtive*, moyenne, fertile. — 1re qualité, maturité fin juillet.

Ces trois espèces n'ont pas encore toutes les qualités que présenteront les suivantes ; mais ce sont les premières pêches bonnes à manger. Elles exigent l'exposition de l'est, de l'ouest ou du sud.

Avant pêche rouge (synonime *petite mignonne, mignonne hâtive*), petite, ronde, colorée du côté du soleil, fondante. (Poiteau.) — 1re qualité. Maturité commencement d'août et fin juillet, si on lui donne l'exposition du midi.

Grosse mignonne hâtive. — Grosse, assez colorée, fondante, fertile. — 1re qualité. Maturité commencement d'août. Mais, pour qu'elle soit aussi précoce, il lui faut l'exposition du midi.

Alberge jaune (synonime *Saint-Laurent, petite rossane*). — Petite, rouge jaune, fertile. Maturité commencement d'août. Assez bonne.

Admirable jaune hâtive. — Moyenne, ronde, jaune foncé, fertile. Maturité du 10 au 20 août. Supérieure à la précédente : elle a été trouvée dans la Nièvre, chez M. Grangier de la Marinière, par M. Auguste Desfossés.

Belle de Doué. — Moyenne, oblongue, surmontée d'un fort mamelon, jaune pâle, adhérente, fertile. Moins bonne que la précédente. Trouvée à Doué dans l'Anjou.

Madeleine blanche. — Grosse, ronde, sillon peu marqué au milieu, très apparent aux extrémités. Peau blanc jaunâtre. Chair fine, fondante, sucrée et légèrement musquée. (Bravy). Maturité mi-août. L'arbre est très sensible aux gelées et sujet à la maladie du Blanc, comme toutes *les madeleines.* Espalier au midi et au levant.

Pourprée hâtive. — Grosse, rouge vif, sillon profond. (Duhamel). Maturité mi-août. Elle est encore plus fine et meilleure que la précédente. Espalier au midi et au levant.

Grosse mignonne. — Très grosse, forme presque sphérique, profondément divisée par un sillon, dont un des bords est souvent plus élevé que l'autre. Peau très colorée du côté du soleil. (Bravy). Maturité du 15 au 30 août. Cette pêche superbe de forme et de toute 1re qualité, a une chair très fondante, sucrée, relevée, excellente. Espalier à toute exposition, même au nord.

Galandé (synonime *belle garde, noire de Montreuil*). — Grosse, rouge foncé, adhérente, très fertile. Maturité fin août. Elle est très bonne. Espalier au levant et au midi.

Violette hâtive. — Moyenne, sphérique, violet sombre, peau lisse, fertile. Maturité fin août. Espalier levant, midi, couchant. — 1re qualité.

Il existe une sous-variété, plus tardive de quinze jours et plus petite.

Toutes deux sont très bonnes ; mais elles n'acquièrent leurs qualités qu'en espalier au levant. Le fruit doit être gardé à la fruiterie pendant quelques jours pour qu'il fasse son jus.

C'est à tort que quelques jardiniers classent ce fruit parmi les brugnons.

Nivette veloutée. — Grosse, ronde, beaucoup de duvet. Maturité fin août et commencement de septembre. Elle est assez bonne, mais inférieure aux suivantes.

Belle Bausse. — Grosse, rouge jaune, se détachant bien du noyau. (Poiteau). — 1re qualité. Maturité fin août. C'est une sous-variété de la *grosse mignonne*, obtenue à Montreuil par un cultivateur qui lui a donné son nom. Elle ne le cède en rien aux meilleurs pêches. Espalier à toute exposition.

Chevreuse hâtive. — Très grosse, colorée, fondante et sucrée. Maturité fin d'août. Quelquefois sa chair est un peu grossière. Espalier au levant.

Madeleine à moyennes fleurs. — Moyenne, plus colorée, mais moins grosse que la *Madeleine blanche*. Maturité commencement de se ptembre. Ce n'est pas non plus un fruit de toute 1re qualité.

Vineuse de Fromentin. — Grosse, rouge foncé du côté du soleil, sphérique, légèrement mamelonnée, se détachant bien du noyau. (Poiteau). Maturité commencement de septembre, fin août, au midi. Réussit bien à toute exposition. Fruit précieux par sa fertilité et ses qualités.

Admirable hâtive. — Délicieuse. Maturité deuxième quinzaine d'août, très grosse, pourpre du côté du soleil. (Dauvesse).

De Malte (synonime *Belle de Paris*). — Moyenne, pâle rouge vert, se détachant bien du noyau. Maturité commencement de septembre. Espalier au levant de préférence. Bon fruit.

Magdeleine rouge de Courson. — Aussi grosse que *la mignonne*, sphérique, légèrement aplatie dans la partie inférieure, sillon peu profond. peau teinte d'un beau rouge pourpré, chair blanche, très fondante, sans défauts. (Bravy). Maturité commencement de septembre : elle est d'une grande fertilité, excellente et très estimée. Malheureusement l'arbre est peu rustique et sujet à la maladie du Blanc. Espalier toute exposition.

Belle de Fontenay. — Moyenne, ronde, coloris peu brillant. Maturité, mi-septembre. Assez bonne.

Belle de Vitry (synonime *Admirable*). — Très grosse, jaune très pâle, striée et légèrement panachée de rouge du côté exposé au soleil. Maturité mi-septembre. Sa chair, la plus fine peut-être de toutes les pêches, est très fondante et très relevée. Parfois pourtant elle conserve une légère acidité. Cette variété est très vigoureuse et très productive. (Duhamel. —

Bravy). Pour qu'elle ait toutes ses qualités, il lui faut un terrain léger et sablonneux. Dans les sols humides, elle n'est que de deuxième qualité. En espalier à toute exposition.

Sieulle. — Ainsi nommée du cultivateur qui l'a obtenue. C'est un gros fruit, assez fondant et relevé, qui mûrit à la mi-septembre. Espalier levant, midi, couchant.

Bourdine de Narbonne (synonime *Grosse royale*). — De première grosseur, peau colorée, d'un rouge foncé du côté du soleil et d'une teinte ambrée du côté de l'ombre, sillon très prononcé dans toute sa longueur, chair fondante, vineuse, très fine, excellente. (Bravy). Maturité fin septembre. — Son seul défaut est de ne pas être très fertile. — Espalier au midi et au levant.

Chancelière à gros fruits. — Grosse, rouge, se détachant aisément du noyau. Maturité en septembre. — C'est un beau et bon fruit. — Espalier levant, midi et couchant.

Chevreuse tardive (synonime *Bonouvrier*). — Obtenue par M. Bonouvrier, cultivateur à Montreuil. — Très grosse, peau blanche fouettée de rouge vif; chair fine, fondante, excellente. (Bravy). Maturité fin septembre. — Espalier au midi et au levant; mais réussit encore mieux au midi. — C'est une des variétés les plus vigoureuses et les plus fertiles; celle que M. Alexis Lepère cultive surtout dans son jardin modèle de Montreuil. Il en obtient d'admirables pêchers sous la forme carrée, qu'il a inventée. — Cet arbre est, en effet, par son mode de végétation, plus facile à conduire qu'aucun autre.

Desse grosse tardive. — Beau et bon fruit. — Maturité fin septembre. — Espalier au levant, midi et couchant. (Jamin-Durand.)

Royale jaune. — Pêche moyenne, qui n'est que passable. — On la cultive pour sa fertilité. — Maturité fin septembre. — Espalier au midi et au couchant.

Saint-Michel. — Fruit moyen, meilleur que le précédent. — Maturité fin septembre. — Espalier au midi et au couchant. (Jamin-Durand.)

Admirable jaune (synonimes *Grosse jaune de Burai*, *Abricotée*). — Fruit très gros, fortement coloré de rouge dans les années chaudes et à exposition méridionale. — Dans ces conditions, elle est très bonne. Sa chair, jaune intérieurement et rouge vif près du noyau, devient fondante, sucrée et parfumée. (Bravy). L'arbre est vigoureux, très productif. Il faut le décharger; sans cette précaution, les fruits seraient petits et mauvais. Ils contractent une pointe d'amertume dans les terrains humides et les années pluvieuses. — Maturité fin septembre et octobre. — Exposition au couchant et surtout au midi.

Cardinal de Furstemberg. — Moyenne, rouge violet, adhérente au noyau. Sa chair est d'un rouge marbré. Elle est très bonne cuite ou en conserves. C'est même la meilleure pour ce dernier usage. — Maturité mi-octobre. — Espalier midi et couchant.

Pourprée tardive. — Moyenne, rouge, se détachant du noyau. (Poiteau).
— Maturité commencement d'octobre. — Nous la rangerions difficilement
parmi les fruits de 1re qualité.

Sanguine grosse admirable. — Grosse, ronde, sillon peu profond, légèrement mamelonnée, peau très duveteuse. — C'est une très bonne pêche
tardive, dont la chair vineuse est toute marbrée de rouge foncé. L'arbre,
vigoureux, productif, est facile à diriger. Il se dégarnit peu du bas. —
Maturité fin septembre et commencement d'octobre. — Exposition midi
et couchant. — Il nous a également bien réussi au levant. (Jamin-
Durand.)

Téton de Vénus. — Très grosse, fort mamelon. — Maturité fin septembre et commencement d'octobre. — Elle ne nous paraît pas mériter toute
sa réputation. Il lui faut un terrain léger et sablonneux, un automne chaud,
l'exposition du midi pour qu'elle soit juteuse et fondante, autrement elle
a quelque chose d'acerbe.

Pavie de Pomponne. — La plus grosse pêche connue. Chair ferme, dure.
— Maturité du 15 au 30 octobre. — Sous notre climat, elle n'est bonne
que cuite. C'est un fruit propre au climat du midi, où l'on assure qu'il a
de la qualité. Ceux que nous avons goûtés, même dans ce pays, avaient le
tort d'être fermes, adhérents au noyau, et de provoquer le palais par une
saveur trop relevée.

Les **mêmes** observations s'appliquent aux *Pavie alberge* et *Pavie persique.*

Les trente-sept variétés que nous venons de décrire, comme étant les
meilleures, appartiennent toutes à celles assez anciennement connues. Nous
allons indiquer celles qui ont été obtenues plus récemment.

Pavie Bonneuil. — M. Bonneuil, horticulteur à Fontainebleau, a pré-
senté, en 1848, à la société d'horticulture de Paris, deux fruits apparte-
nant à la tribu des *Pavie.* Beaux de forme, ils avaient les défauts de ces
derniers. Leur seul avantage était de mûrir tardivement, c'est-à-dire mal,
dans le courant de novembre.

Blanche d'Ekenholm. — Obtenue par M. Brahy-Ekenholm, en Belgique.
D'un blanc jaunâtre mat, légèrement marbré de rose carminé. Cet excellent fruit est gros de 7 centimètres sur 7 1/2 de diamètre. Il se détache
facilement du noyau et de la peau. Sa chair est d'un blanc jaunâtre, avec
une eau douce, abondante et sucrée. Il a en outre l'avantage d'être précoce et de mûrir fin juillet. Exposition au midi et au levant. (Papeleu.)

Danoodt. — C'est un fruit gros, de toute 1re qualité. Maturité en août.
(Papeleu.) — Espalier levant, midi et couchant.

Belle conquête. — Arbre très fertile, fruit très gros, de 1re qualité. Maturité mi-août. (Croux.)

Noblesse. — Une des meilleures pêches qui existent en Angleterre.
Fruit gros, vert pâle, lavé de rouge foncé. Mûrit au commencement de
septembre. (Papeleu.) Espalier au midi. — M. Jamin-Durand en a une

variété obtenue par M. Rivers Il l'appelle *Noblesse Seedling*, plus grosse que la précédente.

Pucelle de Malines. — Obtenue par le major Esperen et déjà répandue en France depuis quelques années. Fruit de 1re qualité, gros, arbre fertile et vigoureux, réussissant mieux dans les terres franches ou fortes. Maturité en septembre. Toutes expositions.

Souvenir de Java. — Obtenue par M. Brahy-Ekenholm. Fruit de 6 centimètres 1/2 de hauteur. La peau très fine, d'un pourpre brillant, se détache très facilement de la chair, qui est très fondante et vineuse. La chair, qui se détache bien du noyau, est jaunâtre et légèrement carminée autour du noyau. (Papeleu.) Mûrit au commencement d'août. Exposition levant et midi.

Reine des Vergers. — Découverte en 1848 dans un jardin de Doué (Maine-et-Loire), par M. Jamin Durand, qui l'a mise dans le commerce. Fruits aussi beaux que ceux de la *Madelaine de Courson*, se rapprochant par leur forme de ceux de la *Galande* ou *Bellegarde* ; très lourds de poids, peau duveteuse devenant d'un pourpre foncé du côté du soleil et se détachant très bien de la chair.

Ils ont l'avantage unique de pouvoir être cueillis quinze jours avant leur maturité et de se faire à la fruiterie. Cueillis vers le milieu de septembre, ils peuvent paraître sur les tables au commencement d'octobre et se transporter au loin (*Revue horticole*). Toute exposition.

Acquisition des plus recommandables. Aussi cette variété s'est répandue promptement.

Monstrueuse de Doué. — Gagnée par M. Mauriceau, docteur médecin à Grezillé, près Brissac. Arbre très vigoureux et fertile. Fruit monstrueux , pesant jusqu'à 405 grammes ; rouge du côté du soleil ; chair blanche , de 1re qualité, légèrement acidulée, très peu ou point adhérente au noyau. Maturité au commencement de septembre. Cette variété se reproduit , dit-on, de semence. (Jamin Durand.)

C'est un arbre que tout véritable amateur voudra posséder.

BRUGNONS ou NECTARINES.

Le brugnon est peu cultivé à Paris et dans le centre de la France ; il l'est davantage dans le midi et surtout en Angleterre, où, sous le nom de *Nectarine*, il est fort apprécié et préféré à la pêche elle-même.

Notre dédain ou notre oubli ne s'explique guère, car c'est un fruit de premier ordre, quand l'arbre est bien cultivé et emprunté à une variété méritante. Cela tient sans doute à ce qu'en France les anciennes variétés étaient peu nombreuses et en général médiocres.

Les pépiniéristes ne multipliaient, en effet, que les suivantes :

Brugnon musqué. — Fruit moyen, coloré sur toute sa surface d'un

rouge plus ou moins violacé ; chair jaunâtre , adhérente au noyau. Il n'est
que passable, mûrit fin septembre et demande l'espalier au midi.

Brugnon blanc. — Plus petit que le précédent, jaune pâle, a plus de jus.
Maturité mi-septembre. Espalier levant, midi et couchant.

Brugnon jaune. — Grosseur de 1er ordre , tirant sur le jaune orange ,
encore moins bon que les deux précédents. Maturité mi-septembre.

Cependant depuis longtemps on connaissait dans les pépinières d'Orléans
une excellente variété, et nous ne comprenons pas comment on ne l'a pas
multipliée de préférence. C'est le :

Brugnon Chauvière. — Fruit moyen, pourpre foncé , de 1re qualité.
L'arbre est vigoureux et fertile. Maturité fin septembre. Espalier au levant
et au midi.

Mais c'est en mettant à contribution l'Angleterre et la Belgique que l'on
peut surtout enrichir de gains précieux cette branche trop négligée de la
pomiculture.

Voici leurs principales variétés :

Brugnon à feuilles et fruits panachés. — Il possède toutes les qualités
du meilleur brugnon ordinaire. La beauté de ses panachures le rend plus
remarquable. (Papeleu.)

Brugnon monstrueux nouveau. — Arbre fertile, fruit gros , de 1re qualité. Maturité commencement de septembre. (Croux.)

Brugnon de Claremont. — Fruit moyen, vert pâle et rouge. Arbre fertile. Maturité commencement de septembre. (Papeleu.)

Duc de Tello. — Gros, vert pâle et rouge. 1re qualité. Maturité fin août.
(Papeleu.)

Galhoy. — Obtenu par un horticulteur de ce nom. Fruit de moyenne
grosseur, peau colorée, chair fondante, se détachant aisément de la peau
et du noyau et ayant en outre la saveur délicieuse d'une pêche. De 1re
qualité. Maturité fin août. (Papeleu.)

Pitmaston. — Très gros, couleur orange, de toute première qualité.
Arbre rustique. Maturité août et septembre. (Papeleu.)

Enfin n'oublions pas le célèbre *Stanwick,* dont nous avoir donné l'histoire, et dont M. Naudin (*Revue horticole,* année 1850, p. 444) fait l'éloge
que voici :

« Ce qui distingue essentiellement le fruit du pêcher de *Stanwick,* c'est
l'absence totale de l'acide prussique qui se retrouve toujours, en plus ou
moins grande quantité, dans ceux des pêchers ordinaires, et qui concentré
surtout dans leurs amandes, communique à ces dernières l'amertume qu'on
leur connaît et en fait un véritable poison. Par une sorte de balancement
dont la nature offre de fréquents exemples, l'acide prussique est remplacé
dans la pêche de *Stanwick* par une surabondance de principes sucrés, à tel
point que leurs amandes sont aussi exemptes d'amertume et aussi agréables à manger que celles de l'amandier à fruits doux. Lorsque les premières pêches de cette variété mûrirent, le duc de Devonshire les fit dé-

guster par quelques-uns des arboriculteurs les plus compétents de l'Angleterre. Ce fut de leur part un concert d'éloges pour la nouvelle acquisition, et tous, d'une voix unanime, déclarèrent que jamais pêche comparable à celle de Stanwick n'avait été récoltée en Europe. »

Nous avons terminé le catalogue raisonné des pêchers. Nous parlerons maintenant de leur multiplication, de leur plantation, etc.

Art. 5. — Suite du Pêcher.

Peu de pêchers se reproduisent francs de noyau. On cite l'*Admirable jaune* et la *Persique*. S'il est vrai que la *Monstrueuse de Doué* ait la même propriété, ce sera une acquisition d'autant plus précieuse.

L'écusson à œil dormant est, avec raison, le mode de multiplication le plus ordinaire.

Les sujets propres à recevoir la greffe sont l'amandier, le prunier, l'abricotier et le pêcher franc. Mais quel est le meilleur ? Duhamel proscrit le premier. Il préfère l'abricotier et le pêcher franc. Bosc conseille ces deux dernières espèces et Poiteau l'amandier et le pêcher franc. Sageret condamne le pêcher franc, comme donnant des arbres plus sujets à se dégarnir du bas et à être affectés de la gomme et du blanc.

Nous partageons cette dernière opinion : l'abricotier est peu usité, et c'est à tort. Il donnerait, pour les plein vent surtout, des arbres plus rustiques, d'une plus longue durée. Nous plaçons l'amandier bien au-dessus du prunier. Celui-ci a des racines traçantes. Il végète vigoureusement dans les terres argileuses et humides : mais ce n'est pas là qu'il faut espérer de beaux pêchers. Outre qu'ils y sont sujets à s'emporter et à la gomme, les fruits n'y acquièrent pas toutes leurs qualités.

L'amandier, au contraire, réussit parfaitement dans les terres légères et sablonneuses, comme dans les terres calcaires. Ses racines pivotantes s'y enfoncent profondément et produisent une bonne végétation. Il ne craint que l'humidité stagnante à ses racines. Quoiqu'en aient pensé certains horticulteurs, l'expérience ne nous a pas démontré qu'il eut, plus qu'aucun autre sujet, de la propension à croître verticalement. M. Pépin a remarqué que les pêchers greffés sur l'amandier amer sont plus vigoureux et vivent plus longtemps que ceux greffés sur l'amandier à coque tendre et à fruits doux. Ces derniers conviennent mieux pour espalier, parce que sur cet arbre à sève modérée comme il l'est, il est plus facile de la répartir dans toutes les branches.

Nous venons de le dire, la terre la moins favorable au pêcher, sous toutes les formes, est celle qui est argileuse ou humide. Pour remédier aux inconvénients qui en résultent, les Anglais qui font tout avec luxe, ont imaginé de planter dans des trous auxquels ils donnent 1 mètre 50 centimètres de largeur sur toutes faces et 60 centimètres seulement de profondeur. Le fond est pavé, de manière à isoler les racines du sous-sol et à les forcer à tracer près de la surface. Cette méthode est excellente. Mais, maintenant que le drainage est connu, l'horticulteur a un moyen simple et plus radical d'assécher son jardin, de manière à le mettre à l'abri de toute humidité surabondante.

Un terrain trop sec et trop aride a aussi ses désavantages. Les fruits n'y prennent pas leur grosseur normale, perdent de leur saveur naturelle et tombent souvent avant leur parfaite maturité. Mais un bon paillis, des arrosements fréquents non-seulement au pied, mais sur les branches et les feuilles atténuent singulièrement le mal. Il est bon aussi de garantir le tronc contre les ardeurs du soleil par deux planchettes réunies en angle, ou par un cordis en paille, avec lequel on enveloppe la tige jusqu'à la naissance des branches.

Le sol le meilleur est une terre franche, légère et permettant aux racines de pivoter profondément.

De même que l'amandier, le pêcher aime assez que la terre qui l'environne soit piétinée. Il faut donc se garder de lui donner les soins que réclament les autres arbres, des binages fréquents. Il est bon de laisser près de son pied un sentier d'une largeur de 50 centimètres environ, que l'on ne cultivera jamais.

Les fumiers, surtout ceux qui sont verts, ne lui conviennent pas. Ils excitent la sève et poussent les branches ou rameaux supérieurs à s'emporter. Cependant il est des circonstances où, dans l'intérêt de la santé de l'arbre, la terre a besoin d'être stimulée. Il ne faut alors lui donner que des engrais très consommés et en petite quantité. Nous préférerions même qu'on enterrât des chiffons de laine, coupés très menu. Ces amendements, à décomposition lente, amélioreraient le sol insensiblement et agiraient sur le pêcher avec modération, sans porter le trouble dans sa végétation.

Le pêcher se cultive sous différentes formes. Il répugne à la quenouille ou pyramide.

Les fruits les plus beaux, les plus savoureux, les véritables fruits de luxe sont produits par l'espalier.

Mais n'a pas qui veut des murs convenablement disposés pour l'espalier. Peut-être y suppléerait-on en partie, en plantant des pêchers en contr'espalier, et leur appliquant le système d'abris mobiles indiqué par M. Dubreuil pour l'abricotier et que nous avons décrit plus haut, d'après cet auteur. Il serait nécessaire que le premier paillasson, celui placé du côté de la moins bonne exposition, fut maintenu jusqu'à la maturité des fruits.

Mais il ne faut pas croire que le pêcher en plein vent soit à dédaigner. Dans les années chaudes, il donne de bons produits. Seulement il fructifie rarement, et nous sommes convaincus que si on lui appliquait un traitement plus rationnel, si l'on se montrait plus scrupuleux sur le choix des variétés on obtiendrait des résultats bien supérieurs.

Dans le Berry on ne connaît que ce que l'on appelle les pêches de vigne, c'est-à-dire des arbres dus au hasard, venus de noyau, semés sans choix : aussi deux variétés sont vendues à peu près exclusivement, la *Persique* et l'*Admirable jaune*, qui sont loin d'être parmi les plus méritantes.

Cependant beaucoup de celles que nous avons décrites comme étant de 1re qualité supporteraient le plein vent. La *Desse hâtive*, la *Mignonne hâtive*, la *Pourprée hâtive*, la *Chevreuse hâtive*, la *Malte*, la *Magdelaine de Courson*, la *Bourdine de Narbonne* sont dans ce cas.

La *Grosse mignonne* et la *Reine des vergers* y sont très propres, et elles donnent des fruits aussi juteux que savoureux.

Tous les *Brugnonniers*, sans exception, réussissent parfaitement sous cette forme.

Mais il est une variété que nous devons recommander particulièrement comme pouvant faire une révolution sous ce rapport. Nous voulons parler du pêcher *Michal*, ou d'*Égypte*, dont nous avons raconté l'origine. Insistons sur ses mérites divers que M. Paganon, président de la société d'agriculture de Grenoble, décrit de la manière suivante :

« Depuis 1820 je cultive un grand nombre de ces pêchers, tous en plein
« vent et avec un succès qui ne s'est jamais démenti. Le fruit en est gros,
« allongé, pointu au sommet, renflé dans le bas, d'un rouge très vif du
« côté du soleil ; le noyau se détachant bien de la chair est sillonné de
« rides profondes ; il est très allongé et remarquablement déprimé vers
« son point d'attache. Les fleurs de l'arbre sont petites ; les feuilles ont
« leurs glandes réniformes. Le fruit mal venu et qui n'a pas reçu le soleil
« a effectivement quelque chose d'âpre, mais celui qui a bien mûri et qui
« a toute sa grosseur est plein d'eau et délicieux. »

Les semis reproduisent constamment le type ; ils poussent vigoureusement et très vite. Quand l'arbre commence à s'épuiser, on le rajeunit en le coupant par le pied. De nouvelles pousses se développent et reforment rapidement des arbres jeunes et productifs.

Ajoutons qu'il a un mérite unique dans le genre pêcher. Il pousse parfaitement des bourgeons sur le vieux bois.

Tant de qualités réunies devraient faire propager rapidement cette incomparable variété qui, seule, en peuplant nos vignobles et remplaçant les misérables pêchers qui y croissent, peut mettre à la portée de toutes les bourses des fruits de qualité supérieure.

La taille est encore plus nécessaire au pêcher de plein vent qu'à l'abricotier. Nous renvoyons donc à ce que nous avons dit de ce dernier.

Il nous paraît difficile de le préserver des gelées printannières, et nous ne conseillerons ni la taille d'été, préconisée par M. Leroy pour l'abricotier, ni le procédé qui consiste à découvrir les racines. L'un et l'autre sont contraires au tempérament du pêcher. Reste le moyen employé par les jardiniers des environs de Paris.

Quant aux pêchers d'espalier, on peut en obtenir des fruits tous les ans, quelles que soient la rigueur de l'hiver et l'intempérie des saisons. Le moyen le plus facile, le plus économique consiste à appliquer contre les murs de simples paillassons, en leur donnant un peu de pied, de manière qu'ils ne froissent pas les branches. On les retient en les attachant par le haut à l'espalier, par le bas à un pieu fiché en terre.

Les Montreuillais ont perfectionné beaucoup le système des abris. Leurs procédés sont décrits dans tous les ouvrages d'arboriculture, auxquels nous renvoyons. Mais ils sont coûteux et seulement à la portée des riches propriétaires ou de ceux qui font commerce de leurs pêches. Le paillasson suffit et nous a toujours réussi.

Nul arbre n'est sujet à autant de maladies que le pêcher. Elles proviennent sans doute de ce que la taille contrarie ses allures naturelles. Nous parlerons ici de celles qui lui sont spéciales, réservant à nous expliquer sur les autres en traitant des maladies des arbres en général.

La gomme. — Elle attaque tous les arbres à fruits à noyau plus ou moins fortement. Ce que nous dirons s'applique donc aux cinq genres de la présente section.

C'est une sécrétion, blanche d'abord, tournant ensuite au jaune rouge, qui déchire l'écorce des branches ou rameaux sur lesquels elle suinte. Insensiblement les parties avoisinant la plaie sont désorganisées et la branche attaquée périt.

Selon Dubreuil, dans les jeunes arbres, elle est souvent causée par une taille trop courte ou des pincements trop rigoureux. Il faut donc réserver à l'arbre un nombre suffisant de bourgeons pour donner issue à la sève. Une incision longitudinale, pratiquée au-dessus du point où elle commence à paraître, en arrête souvent les ravages.

Le plus souvent cela provient de meurtrissures, ou de quelque injure reçue dans le bois ou l'écorce ; de ce que les branches ont été trop comprimées dans le palissage. Des symptômes précurseurs annoncent son invasion. L'arbre prend d'abord une couleur brunâtre qui devient graduellement plus foncée jusqu'à ce que la gomme commence à suinter. Il faut immédiatement opérer, en la retranchant, la partie infectée, enlever entièrement la gomme, la suivre avec l'instrument jusqu'à ce qu'on arrive à l'écorce et au bois blanc et propre. S'il en reste encore, il faut la râcler. L'opération réussit mieux quand la branche a été mouillée par la pluie. On frotte la plaie avec des feuilles d'oseille, à diverses reprises et, quand elle est desséchée, on la recouvre avec du mastic à greffer ou de l'onguent de Saint-Fiacre.

Sur quelques sujets, la gomme est une maladie en quelque sorte organique. Dans ce cas, elle est incurable.

La cloque. — Elle se manifeste vers la fin du printemps sur les jeunes feuilles. Sa cause paraît être dans les brusques variations de la température qui troublent la végétation.

Les feuilles attaquées prennent une teinte vert jaunâtre, se crispent, se boursouflent et tombent. Le bourgeon lui-même périt.

D'après Dubreuil et tous les auteurs, les abris contribuent à garantir le pêcher de l'invasion de la maladie.

Une fois la maladie déclarée, on retranche les feuilles ou parties de feuilles, infectées, en ayant soin de respecter le pétiole. On taille les bourgeons malades sur un œil sain, de manière à obtenir une nouvelle pousse.

Peut être des seringuages administrés à propos seraient-ils un bon moyen préservatif. Dans tous les cas, ils ne produiraient qu'un effet salutaire.

Ce n'est que tout récemment que la *cloque* a fait invasion aux États-Unis. Un américain qui possède des vergers de 5 à 600 pêchers, M. Goodrich, préconise deux moyens.

D'après lui, plus les pêchers entrent tard en végétation, moins ils sont sujets à la *cloque*; en conséquence :

1° Lorsque la terre est gelée, on la couvre de paille de sarrazin ou de branchages de pois, afin qu'au printemps le sol ne dégèle que lentement; on prévient ainsi un mouvement trop brusqué de la sève.

Ceci peut être bon dans les pays septentrionaux, mais produirait peu d'effet dans le centre de la France.

2° On ne doit repeupler les vergers qu'avec des sujets nés de noyaux venus d'un pays septentrional, et ne greffer que des pêchers tardifs.

Le remède serait pire que le mal, car il nous priverait des meilleures variétés. (*Revue horticole*, année 1852, p. 330.)

Le rouge. — Attaque plus particulièrement la *Royale*, l'*Admirable jaune*, la *Belle de Doué* et la *Belle de Fontenay*. Les rameaux prennent une teinte rouge vif, puis rouge foncé; l'arbre est frappé d'une mort presque subite. S'il survit, il faut l'arracher; car il ne ferait que languir pendant quelques années.

On ne connaît pas de remède contre ce mal.

Le blanc, meunier ou *lèpre.* — On ne connaît guère non plus de moyen efficace contre cet autre fléau.

Toutefois M. Alexis Lepère, très compétent en ces matières, a recommandé une recette qui lui avait été transmise par M. Hémery, pépiniériste à Sainte-Catherine-les-Arras :

Dans un hectolitre d'urine, on mêle 25 litres de fiente de pigeon qu'on laisse fermenter pendant 48 heures.

En même temps, on fait infuser dans 4 litres d'eau un kilogramme d'aconit, tiges et tubercules.

Ces deux préparations sont enfin mélangées au moment de s'en servir.

Le mois d'avril serait l'époque favorable pour l'opération, et une seule injection, faite au moyen d'un arrosoir ou d'une pompe, suffirait pour obtenir une entière guérison.

C'est un essai à faire ; mais jusque là les Montreuillais se contentaient d'arroser d'eau les parties attaquées avec une pompe à jet continu. Les résultats étaient insignifiants.

La maladie commence au mois de juin et se prolonge jusqu'en août. Elle s'annonce par une poussière blanchâtre sur les feuilles, les jeunes bourgeons et même les fruits. La végétation est suspendue. Toutes les parties attaquées se déforment.

Nous avons dit que les *Madelaine* avaient surtout des dispositions à être attaquées.

On prétend que la maladie est occasionnée par un petit champignon. Nous n'avons pu vérifier l'exactitude de cette assertion.

Nous n'abandonnerons pas le pêcher (tout ce qui a rapport à la taille devant être l'objet d'un travail spécial) sans dire un mot de la récolte de son fruit.

La meilleure pêche n'a toutes ses qualités que cueillie à point.

Une couleur jaune du côté de l'ombre annonce la maturité. Qu'un doigt indiscret se garde bien de s'en assurer par le toucher. Il déshonorerait le fruit et y ferait naître des taches qui en altèrent la saveur. On place la paume de la main sous la pêche, on tourne légèrement et le fruit se détache. On ne le fait attendre qu'un jour, et dans ces conditions il réunit toutes ses perfections.

Les brugnons se cueillent parfaitement mûrs ; mais on les laisse fruiter et faire leur eau pendant quelques jours, jusqu'à ce qu'ils se rident légèrement.

Art. 6. — Le Prunier (*Prunus*).

Linnée a établi deux espèces botaniques, *Prunus domestica* et *Prunus insititia*. Ce sont les deux types de toutes les variétés connues. Le premier vient de l'Asie, le second se trouve dans tous les bois de l'Europe.

Voici les variétés les plus recommandables, parmi les anciennes.

Abricot blanc (synonime *Jaune hâtive*). — Moyenne, jaune, allongée, adhérente au noyau, de table, très fertile. Maturité fin juillet. Elle n'est que de seconde qualité ; mais c'est une des premières prunes mûres, recherchée pour sa précocité. André Leroy la croit la même que la prune de Catalogne de Duhamel.

D'Agen (synonimes *Datte violette*, *Robe de sergent*). — Grosse, violette, ovoïde, très fertile. Maturité août. Assez bonne crue, délicieuse cuite. C'est avec cette espèce qu'on fait les excellents pruneaux, dits d'Agen. (Noisette).

Dame Aubert. (Aussi appelée par Thompson *Dame Aubert blanche, d'Œuf, Magnum bonum white ;* par Noisette, *Dame Aubert jaune* ; par Duhamel, *Grosse luisante ;* par Lyndley, *Impériale blanche*) — Grosse, jaune, ovale, adhérente au noyau, fertile. Maturité août et septembre. Seconde qualité crue, première cuite. Aussi grosse qu'un œuf de poule. On en peut faire d'excellentes compotes, si on l'emploie avant sa trop grande maturité. (André Leroy).

Dame Aubert rouge violette. — Grosse, ovoïde, à cuire, se détachant du noyau. Maturité, septembre. 2ᵉ qualité, à cuire.

Damas de Mongeron. — Grosse, violette, ronde, se détachant du noyau. Maturité en août. (Duhamel). Très bon fruit de table.

Damas de Tours (synonime *Royale de Tours*). — Moyenne, violet noir, ronde, fertile. Maturité, fin juillet et commencement d'août. (Duhamel). 1ʳᵉ qualité.

De Monfort. — Moyenne, violet noir, très fertile. Maturité fin juillet et commencement d'août. (Jamin Durand.) 1ʳᵉ qualité.

Fellemberg (synonyme *Couestche d'Italie, Prune suisse*). — Grosse, noire, très fertile. Maturité fin septembre. De 1ʳᵉ qualité pour pruneaux.

Impériale de Milan. — Grosse, violet noir, fertile. Maturité mi-septembre. 1ʳᵉ qualité.

Mirabelle la petite. — Petite, jaune, ronde, fruit de table et à cuire, se détachant du noyau, très fertile. Maturité en août. (Duhamel). La meilleure de toutes les prunes pour faire des compotes et des confitures.

Mirabelle grosse double de Metz (synonime *Drap d'or*). — Un peu plus grosse que la précédente, jaune, ronde, de table et à cuire, se détachant du noyau, très fertile. Maturité mi-août. (Noisette). Elle est aussi bonne que la précédente pour les mêmes usages. On ne comprend pas qu'on ne l'y emploie pas plus souvent.

Mirabelle tardive. — Mêmes caractères que les précédentes. Seulement elle mûrit en octobre. (Thompson). Selon André Leroy, espèce très précieuse, à cause de son excessive fertilité et de sa tardivité.

Monsieur. — Il y en a trois variétés de ce nom : le *Hâtif,* mûrissant fin juillet, gros, violet, rond, le *Monsieur* proprement dit, mêmes caractères, et le *Monsieur* à fruits jaunes, moyen, jaune, ovoïde. Maturité commencement d'août. Bien que très répandus, ils ne sont pas de première qualité. Le meilleur est le jaune que l'on doit à M. Bivort.

Othomane (synonime *Impériale othomane*). — Grosse, jaune, oblongue, de table, se détachant du noyau. Maturité en août. Très beau et assez bon fruit.

Pêche (synonimes *Surpasse monsieur, Abricot rouge*). — Grosse, violette ronde, de table et à cuire, adhérente au noyau. Maturité fin juillet.

(Ponteau). Fruit médiocre de qualité, mais superbe de volume, de forme et de coloris.

Perdrigon. — Il y a le blanc et le violet. Ce sont des fruits moyens, mûrissant en septembre et bons pour pruneaux.

Reine-Claude abricotine. — Petite, blanche. Maturité fin d'août. Bonne variété obtenue par M. Sageret.

Reine-Claude abricot vert (synonimes *Dauphin, Abricot vert, Verte et bonne*). — Grosse, vert rouge, ronde, de table, adhérente au noyau, fertile. Maturité en août. (Duhamel). De toute 1re qualité. Bien supérieure aux autres prunes.

On en rencontre souvent qui n'ont ni la beauté, ni la saveur exquise de celle-ci. Cette infériorité tient à ce que la *Reine-Claude* se reproduit plus ou moins franche de noyau et qu'on a le tort de multiplier des produits de semis, qui diffèrent plus ou moins sensiblement du type.

Reine-Claude de Baray. — Obtenue par le major Espéren ; plus grosse que la précédente, plus tardive. Elle mûrit fin septembre. Grosse, jaune vert, ovale, de table, très fertile. Elle n'a pas la finesse de la précédente ; mais c'est encore une excellente prune, si l'on attend pour la manger qu'elle ait acquis sa complète maturité. Elle a l'avantage de se conserver jusqu'en novembre, cueillie un peu avant sa maturité et placée en lieu frais.

Reine-Claude d'Angoulême. — Moyenne, blanche, arrondie, fertile. Maturité fin août. Bon fruit.

Reine-Claude dorée. — Moyenne, blanche. Maturité fin août. Mêmes qualités que la précédente.

Reine-Claude tardive. — Moyenne, blanche. Maturité fin octobre. Obtenue par Sageret.

Reine-Claude violette. — Grosse, violette, ronde, adhérente au noyau, fertile. Maturité en septembre. (Noisette). Bonne espèce qui succède à l'Abricot vert.

Reine Victoria (synonime *Alderton*). — Obtenue en Angleterre par M. Rivers. Très grosse, rouge, ronde. Maturité en septembre. Ce n'est pas un fruit de 1re qualité, mais un beau fruit.

Ste-Catherine grosse et *Ste-Catherine ordinaire.* — Deux variétés très répandues et qui ne sont bonnes qu'en pruneaux. Maturité mi-septembre.

Whashington. — Originaire d'Amérique. Grosse, jaune, ovoïde. Maturité fin août. Assez bonne.

Nous indiquerons maintenant les variétés les plus récentes :

Bleue de Belgique (synonime *Fotheringham*). — Gros fruit, bleu, rond, très fertile. — Maturité en août. — Suivant André Leroy, superbe et très fertile. Il ignore l'origine de cette prune; mais elle fructifie dans son école depuis plusieurs années, et il a reconnu ses excellentes qualités.

Coés Golden drop (synonime *Waterloo*). — Très grosse, jaune tacheté de rouge, ovoïde, très fertile. Maturité fin septembre et commencement d'octobre. Fruit aussi beau que bon, pas assez répandu.

De l'Inde. — Très grosse, violette, arrondie, fertile. Maturité fin septembre. M. A. Leroy, qui la décrit, dit ne pas connaître son origine. Selon lui, elle est d'une beauté vraiment merveilleuse. Elle a beaucoup de ressemblance avec la *Pond's seedling anglaise.* Mais elle est plus tardive.

Drap d'or d'Espéren. — Obtenue par le major Espéren, d'un semis fait vers 1830 et qui n'a donné ses prémices qu'en 1844. Le fruit, régulièrement ovale, d'un très beau jaune, mesure quelquefois jusqu'à 16 centimètres de circonférence. Sa chair, très fondante, se détache parfaitement du noyau. Maturité mi-août.

C'est un excellent gain.

Prince of Wales. — Fruit gros, violet. Maturité fin août. 1re qualité.

Impératrice ou Diadème. — Très gros, violet. Maturité mi-septembre. 1re qualité.

Pond's seedling anglaise. — Monstrueuse, forme de poire. Maturité commencement de septembre. Selon André Leroy, prune de 2o qualité, mais de la plus grande beauté. Elle ne serait pas la véritable espèce de ce nom, obtenue par M. Pond, de Cambridge. C'est pourquoi il a ajouté l'épithète de : *Anglaise,* afin de la distinguer de la vraie *Pond's seedling.*

Reine-Claude d'Oullins. — Plus gros et plus précoce que l'*Abricot-Vert.* Très juteux et sucré, de 1re qualité. Maturité mi-août. (Jamin-Durand.)

Reine-Claude rouge. (Reina Nova.) — Obtenue par Van-Mons. Fruit gros, de forme à peu près allongée, long de 55 millimètres sur 45 de large, d'un rouge violacé et presque violet du côté exposé au soleil. Le sillon longitudinal est peu profond, de couleur plus claire. La peau, assez épaisse et se séparant avec facilité de la chair, est parsemée de petits points gris et couverte d'une poussière bleuâtre. Sa chair est d'un beau jaune d'or, succulente, mais un peu ferme autour du noyau. Son eau a une saveur douce acidulée très agréable. Maturité premiers jours d'octobre. (*Revue horticole,* 1850, p. 426.)

Reine-Claude transparente. — Très grosse, peau rose, ferme et diaphane. Maturité commencement de septembre. Très bonne.

Favorite hâtive de Rivers. — Obtenue en Angleterre par l'horticulteur dont elle porte le nom. De grosseur moyenne, violette. (Jamin-Durand.)

C'est la meilleure prune hâtive. Elle mérite d'être beaucoup multipliée.

Goliath ou Calédonian. — Elle n'est que de seconde qualité, mais son beau volume la rend digne des honneurs de la culture. Fruit violet. Maturité fin d'août. (Jamin-Durand.)

Impériale Gage. — Originaire d'Amérique. Plus grosse que l'*Abricot-Vert,* verte, ovale, très fertile. Maturité fin août. (Jamin-Durand.) Exquise dans les terrains légers.

Kirke's. — Obtenue en Angleterre par Thompson. Grosse, noire, ayant assez l'apparence d'une *Reine-Claude violette.* Maturité mi-septembre. C'est une de nos meilleures prunes. (Jamin-Durand.)

M Massey, ancien directeur des jardins de Versailles, la préfère à la *Reine-Claude violette.*

Jefferson. — Obtenue par M. le juge Buel, à Albany (Etats-Unis d'Amérique.)

M. Downing, dans son ouvrage sur les fruits d'Amérique, et le *Journal de la Société d'horticulture de Londres* (vol. 1, p. 117), font de ce fruit l'éloge le plus pompeux.

Il est déprimé, gros, ovale, un peu comprimé d'un côté vers la queue. La peau est d'un jaune d'or mêlé de rouge pourpre et recouverte d'une jolie fleur ou poussière blanche. La chair, riche, fondante et de la plus agréable saveur, rappelle encore par sa couleur orange foncé celle d'un abricot. Elle adhère peu à un noyau long et irrégulier (*Revue horticole*, 1850, p. 424). Maturité fin août.

Quand cette description serait un peu exagérée, il resterait à la *Jefferson* encore assez de qualités pour la faire rechercher par tous les amateurs.

M. Papeleu, pépiniériste belge, vante beaucoup la prune *Lépine*. Il la devrait à un horticulteur de ce nom, qui en donne la description suivante :

Prune un peu moins grosse que la *Reine-Claude verte*, noire, ronde, très sucrée et la meilleure pour pruneaux. Arbre d'une taille moyenne, à rameaux grêles, mais ne se cassant jamais sous le poids énorme des fruits qu'il porte chaque année. Cet arbre possède encore le rare avantage de ne jamais souffrir des gelées tardives, quoiqu'il soit originaire des parties les plus froides du Luxembourg. La maturité a lieu en novembre, et les prunes, bien cueillies, peuvent se conserver jusqu'en décembre et janvier.

Tel est le premier jugement de l'inventeur. Il est à souhaiter que l'expérience le confirme.

Le prunier se prête à toutes les formes, même à la pyramide. On le cultive peu en espalier, et c'est à tort. Rien n'est aussi délicieux que l'*Abricot-Vert*, cueilli sur un espalier exposé au levant. Quelques-unes des bonnes variétés que nous venons de décrire, y feraient merveille.

Il est peu difficile sur la nature du sol ; néanmoins les terres calcaires sont celles qu'il préfère. Celles qui sont trop arides et brûlantes ou constamment chargées d'une humidité stagnante lui sont les plus défavorables.

Le plus communément on le plante en plein vent, et il réussit très bien. Il demande très peu de soins, point de taille particulière. Il suffit, chaque année, de le débarrasser du bois mort et des branches gourmandes ou inutiles.

Mais une précaution est indispensable : comme on a le tort de prendre trop souvent pour sujets des plants venus de drageons, ils poussent une foule de rejets, qui affament l'arbre, l'épuisent et finissent par le faire périr. Pour empêcher ce funeste résultat, il suffit d'arracher les drageons, aussi profondément que possible, au fur et à mesure qu'ils paraissent.

Le prunier se multiplie soit par la greffe en fente, soit par l'écusson. L'on doit préférer comme sujets le *Saint-Julien*, la *Cerisette* et les diverses variétés de *Damas*.

Ils doivent tous être venus de noyau.

Le prunier est l'un des arbres les plus répandus dans nos campagnes. Il n'est pas un enclos, pas une chènevière à côté d'une chaumière, qui n'en possède quelques pieds, mais ce sont toujours les variétés les plus médiocres. Quel avantage n'y aurait-il pas pour nos pauvres paysans à se voir dotés de quelques-uns de ces bons fruits, choisis dans les espèces les plus fertiles et les plus savoureuses ?

C'est aux propriétaires intelligents à aviser. Beaucoup de bien peut être fait avec peu d'efforts.

Art. 7. — Le Cerisier (*Cerasus*).

Sous ce nom général, on comprend des espèces bien distinctes. On admet communément que deux types principaux ont donné naissance à toutes les espèces et variétés cultivées. L'un , le cerisier commun (*cerasus vulgaris. — Caproniana*), est le cerisier griottier ou commun, introduits d'Asie par Lucullus ; l'autre est le merisier des bois (*Cerasus avium*), d'où paraissent descendre deux genres, les *Bigarreautiers* et les *Guigniers*.

1° GUIGNIERS. — Ils ont la chair molle, aqueuse et peu relevée. Leurs rameaux s'élèvent verticalement ; les feuilles sont grandes, pendantes et pointues.

Ils fournissent peu de bons fruits. Nous ne citerons que les suivants :

Guigne blanche. — Moyenne, oblongue, blanche, douce. Maturité commencement de juin. (Duhamel).

A gros fruits blancs. — Grosse, oblongue, blanche, douce. Maturité commencement de juin. (Duhamel).

Grosse noire luisante. — Grosse, ronde, noire, douce. Maturité fin juin. (Duhamel),

Noire hâtive (synonime *Hâtive de Bâle*). — Petite, forme de cœur, noire, douce. Maturité commencement de juin. (Duhamel).

Royale. — Assez grosse, d'un beau rouge. C'est la meilleure des guignes. Maturité du 15 au 20 juin. (Bravy).

Rouge tardive — Grosse et bonne variété. Maturité à la mi-juillet. (Bravy).

Rose hâtive. — Petite, blanche d'un côté, rose de l'autre. Chair ferme, peu parfumée. Maturité fin de mai. (Bravy).

2° BIGARREAUTIERS. — Fruits généralement gros, allongés, en forme de cœur, avec une chair ferme, croquante et agréable. Ce sont les arbres les plus vigoureux du genre. Ils poussent moins verticalement que les guigniers. Grandes feuilles pendantes, plus larges au sommet qu'à la base.

Bigarreau de mai. — Moyen, d'un joli rouge clair. Bon, précieux par sa précocité. Il mûrit fin de mai. (Duhamel).

Commun (synonimes *Graffion des Anglais, Cerise croquante*). — Gros, en cœur, rouge, doux, chair ferme. Bon. Maturité commencement de juillet. (Duhamel).

A gros fruits rouges. — Gros, en cœur, rouge, doux, ferme. Maturité mi-juillet. (Duhamel). C'est l'un des meilleurs bigarreaux.

A très gros fruits ambrés. — Gros, en cœur, blanc, doux, cassant. Maturité mi-juin. (Duhamel). Assez bon.

Gros cœuret (synonime *Cœur de pigeon*). — Gros, en cœur, rouge foncé, doux, croquant. Maturité mi-juillet (Poiteau). Très beau et bon.

Napoléon. — Moyen, en cœur, rouge, doux, ferme. Maturité en juillet. (Parmentier).

Noir à gros fruits. — Gros, aplati, noir, doux, ferme. Maturité commencement de juin. (Duhamel). Très beau et bon fruit précoce.

3° GRIOTTIERS ou CERISIERS. — Ce genre renferme les meilleures cerises, qui affectent en général une forme sphérique. Les fruits sont fondants, juteux, sucrés et relevés d'une légère pointe d'acidité. Les arbres, disposés en tête arrondie, végètent moins vigoureusement que les précédents. Les feuilles plus petites, ne sont pas pendantes et présentent un vert plus foncé.

Aigre commune. — Moyenne, ronde, rouge, aigre, tendre. Maturité en juillet. (Duhamel). Très fertile.

Commune hâtive. — Mêmes caractères que la précédente ; seulement elle mûrit à la mi-juin. (Duhamel).

De Montmorency ordinaire (synonime de *Montmorency à longue queue*). — Grosse, ronde, rouge, acide, tendre. Maturité commencement de juillet. (Duhamel). Très estimée et très fertile.

De Montmorency courte queue (synonime *Gros Gobet*). — Grosse, ronde, rouge, acide, tendre, maturité mi-juillet (Duhamel). L'une des plus belles et des meilleures cerises ; mais peu fertile.

Cerise anglaise (synonime *Royale*). — Grosse, ronde, rouge noire, douce, fondante. Maturité fin juin. (Noisette).

Royale hâtive (synonime *May Duke, Anglaise hâtive*). — Grosse, ronde, rouge noire, douce, tendre. Maturité commencement de juin. (Duhamel). C'est l'une des meilleures cerises connues.

Royale tardive (synonimes *Cherry Duke, Anglaise tardive*). — Mêmes caractères et mêmes qualités. Seulement maturité en août.

Belle de Choisy. — Grosse, ronde, rouge, tendre. Maturité juillet. (Noisette). Supérieure de goût ; malheureusement très peu fertile.

De Spa (synonime *Dona Maria*). — Grosse, ronde, rouge pâle, douce, tendre. Maturité fin juillet. Très bonne cerise.

Belle de Sceaux (synonime *Belle de Châtenay*). — Grosse, ronde, rouge, douce, fondante. Maturité commencement d'août. (Thompson). C'est encore un très beau et très bon fruit.

Reine Hortense (synonime *Monstrueuse de Bavay*, seize à la livre). — Grosse, ronde, rouge violette, douce, fondante. Maturité commencement de juillet (Société d'horticulture de Paris). Peut-être la plus belle des cerises. Obtenue en 1838, par M. Larose, jardinier à Neuilly.

Parmi les griottes proprement dites, nous ne connaissons de passable que la *Griotte de Portugal*, grosse, arrondie, rouge noire, acide, fondante, mûrissant au commencement de juillet.

Dans ces derniers temps, on a fait beaucoup de conquêtes dans les divers genres cerisier, et il en est de remarquables. Voici les principales :

Guigne Early Black, obtenue en Angleterre. — Moyenne, oblongue, noire, douce, tendre. Maturité fin juin. (Lindley). L'une des meilleures de la saison.

Guigne précoce de Tarascon. — Grosse, en cœur, douce, tendre. Maturité commencement de juin. (Audibert). Très belle et très fertile.

Bigarreau à très gros fruit ambré. — Très gros, savoureux, mûrissant vers la fin de juin. (Jamin-Durand.)

Bigarreau d'Espéren. — Obtenu par le major Espéren ; très gros, mûrissant à la fin de juillet. Pulpe ferme, rose pâle du côté de l'ombre, rouge dans la partie qui reçoit le soleil. (Bivort.) L'un des plus beaux connus.

Bigarreau de Florence. — Très gros, mûrit au commencement de juin. Chair blanc rosé. (Jamin-Durand.)

Bigarreau de Mézel. — Gros, en cœur, rouge foncé, doux, fondant. Maturité mi-juillet. (Bivort.) Superbe et excellent.

Bigarreau monstrueux de Mézel. — Encore plus gros que le précédent ; brun foncé, rouge rose et à noyau très petit. Il mûrit en juillet. Onze de ses fruits pèsent souvent un hectogramme. (De Bavay.)

Bigarreau hâtif d'Espéren. — Fruit beau ; le meilleur des bigarreaux. Il mesure jusqu'à 7 centimètres de circonférence. (De Bavay.)

Bigarreau de Tartarie (synonime *Black tartarian*). — Gros, en cœur, noir, doux, tendre. Maturité fin juin. Très beau et fertile. Méritant une culture fort étendue. (A. Leroy.)

Bigarreau Downton. — Gros, en cœur, rose clair, doux, fondant. Maturité fin juin. (Lindley.) D'une beauté remarquable.

Bigarreau Elton. — Gros, en cœur, rose clair, doux, fondant. Maturité commencement de juillet. (Thompson.) Excellent et superbe de volume.

Bigarreau Jaboulais. — Gros, rouge. Maturité en juillet. (Jamin-Durand.)

Bigarreau Reverchon. — Brun foncé, très gros, de toute 1re qualité. Maturité fin juillet. (Dauvesse.)

Cerise belle Andigeoise. — Grosse, fertile. Maturité commencement de juillet. (Jamin-Durand.)

Cerise belle d'Orléans. — Grosse. Maturité fin juillet. (Jamin-Durand.)

Cerise dauphine. — Grosse, ronde, rouge foncé, douce, mêlée d'une légère acidité, tendre. Maturité mi-juin. (A. Leroy.) Très fertile.

Cerise duchesse de Paluau. — Obtenue par le docteur Bretonneau. Grosse, ronde, rouge foncé, douce mêlée d'une légère acidité, tendre. Maturité commencement de juin. C'est un gain précieux. (A. Leroy.)

Cerise de Planchoury. — Autre gain du docteur Bretonneau. Grosse, allongée, rouge foncé, acide, fondante. Maturité commencement de juillet. Fruit magnifique et exquis. (A. Leroy.)

Cerise Montmorency épiscopale. — Fruit gros, mûrissant à la fin de juin.

Cerise Montmorency de Bourgueil. —Grosse, sphérique, déprimée à l'insertion du pédoncule. Parfaite, d'un rouge vif, chair douce, peu acidulée, très bonne. *(Revue horticole, 1850, p. 307.)*

On voit que dans cette nomenclature ne figure aucun fruit tardif, dépassant le mois d'août. Les pépiniéristes vendaient bien autrefois deux variétés, la *Cerise de la Toussaint* et la *Tardive du Mans*, mûrissant en septembre et octobre ; mais elles étaient au-dessous du médiocre.

Un gain récent des plus remarquables, des plus précieux, va permettre de combler cette regrettable lacune. M. Jamin-Durand s'est rendu acquéreur d'un pied de cerisier trouvé chez M. Rose Charmeux, à Thomery : il l'a multiplié et le mettra dans le commerce cette année. Nous avons vu ce fruit à la fin de septembre 1853, nous l'avons dégusté. Il a la beauté, la forme et toutes les qualités de la *Cerise de Spa*. Rien ne nous a plus émerveillé.

On lui a donné le nom de *Cerise Morello-Charmeux.*

Nous avions bien lu aussi dans la *Revue horticole* (année 1853, p. 311), qù'il existe dans les provinces wallonnes de Belgique, une variété connue sous le nom de *Tempétard*, ce qui veut dire précoce et tardive, ne fleurissant que successivement et donnant des fruits à peu près pendant tout l'été ; mais nous l'avons cherchée sans pouvoir la trouver dans les catalogues belges qui sont à notre disposition. Nous l'avons demandée aux pépiniéristes les plus en renom, et aucun n'a pu nous la procurer.

Les trois genres se multiplient par la greffe en fente ou l'écusson à œil dormant. Quand on veut des plein vent, on prend pour sujet le *Merisier des bois*, des pyramides ou espaliers, le *Sainte-Lucie.*

Le cerisier n'est pas difficile sur le sol ; il vient bien dans tous les terrains, mais surtout dans ceux qui sont légers ou calcaires.

Généralement, on plante des plein vent , et ils réussissent et fructifient parfaitement.

Dans quelques jardins, nous avons vu des pyramides bien dirigées et qui produisent un effet agréable à l'œil. Mais pour avoir du fruit, il faut planter, sous cette forme, des variétés d'une grande fertilité.

Nous nous étonnons qu'il existe si peu d'espaliers de cerisiers. La *Royale hâtive* ou *May-Duke*, à l'exposition du midi, donne des cerises exquises et tout-à-fait supérieures. Ajoutons qu'à la même exposition, la *Noire hâtive*, le *Bigarreau noir à gros fruit*, le *Bigarreau de Mezel* et la *May-Duke* mûrissent dès la mi-mai.

On peut utiliser les murs au nord en y plaçant des variétés de juillet et d'août, dont la maturité est ainsi retardée de quelques semaines.

Le cerisier à haute tige ne demande pas plus de soins particuliers que le prunier.

Dans ces dernières années, les cerisiers ont été affectés d'une maladie qui paraît nouvelle. Elle a été signalée par M. Léveillé, dans la *Revue horticole*, année 1852, p. 269. Les fruits sont tachés de petits point bruns, qui vont s'élargissant, et gagnent la plus grande partie de la cerise.

Nous mêmes, nous avons pu, à Bourges, constater la présence du fléau et, comme M. Léveillé, nous sommes convaincus que l'arbre lui-même est malade.

Mais quels sont la cause et le remède ? C'est ce qu'on ignore.

Il n'en est pas moins vrai que, cette année encore, les cerisiers ont été atteints plus gravement. Quand nous disons *les* cerisiers, ne généralisons pas trop ; car nous avons pu constater que les cerisiers proprement dits et les griottiers n'avaient pas souffert, mais bien les bigarreautiers et guigniers. M. Léveillé avait fait la même observation.

Un mal à peu près de même nature paraît s'être étendu sur les pruniers. On dit qu'à Montreuil les pêchers ont aussi reçu quelques atteintes.

Espérons que les hommes de théorie et de pratique se réuniront pour remonter à la source du mal, pour chercher un moyen de le combattre et que de leur concours il jaillira quelque lumière utile pour l'amateur et le propriétaire de jardins fruitiers.

Art. 8. — Fruits à pepins.

Les arbres de cette section sont, comme ceux de la précédente, de la famille des *rosacées* ; ils forment dans cette famille une tribu connue sous le nom de *Pomacées*.

Cinq genres produisent des fruits comestibles : le *Poirier*, le *Coignassier*, le *Pommier*, le *Néflier* et le *Sorbier*.

§ 1er. — LE POIRIER (*Pyrus*).

Non-seulement c'est le véritable arbre fruitier de nos climats, celui qui se retrouve, à l'état sauvage, dans toutes les contrées tempérées de l'Europe, mais c'est le plus important de tous par ses variétés nombreuses et distinguées, par les époques différentes de leur maturité, qui permettent de l'utiliser sans interruption pendant toute l'année.

Pour plus de clarté et pour faciliter le choix des amateurs, nous diviserons notre nomenclature par saisons.

Nous ne nous occupons que des fruits de table, la fabrication du cidre étant peu en usage dans le Berry.

POIRES D'ÉTÉ.

Amiré Johannet (synonime *Petit St Jean*, *Poire St-Jean*). — Fruit petit, allongé, mi-cassant, de 2e qualité. Maturité fin juillet (Duhamel). N'est recherché que parce qu'il est très précoce.

Muscat petit (synonime *Sept en gueule*). — Fruit à bouquets, très petit, arrondi, très musqué. Maturité fin juin.

Citron des carmes (synonimes *Magdeleine*, *Gros St-Jean*). — Fruit moyen, vert jaunâtre, chair blanche et fondante, fertile. Maturité commencement de juillet (Duhamel).

Il existe une variété panachée, dont le fruit est plus petit.

Blanquette. — Il y a trois variétés : l'une la grosse ou *Roi Louis*, dont le fruit est petit, mi-fondant et mûrit fin juin ; l'autre la petite ou *Poire cire*, encore plus petite ; mêmes qualité et maturité : la troisième dite *Nouvelle* ou *Audusson*, fruit petit, cassant. Mûrit en août et septembre.

Beurré Giffard. — Fruit moyen, fondant, mais peu fertile. Maturité en juillet (Giffard). L'une des meilleures poires d'été.

Beau présent (synonimes *Epargne*, *Grosse cuisse madame* d'été et une foule d'autres. En Berry, il est connu sous le nom de *Beurré cerise*). — Fruit assez gros, fondant, de 1re qualité, fertile. Maturité juillet-août (Duhamel). Ne réussit guère qu'en plein vent.

Doyenné d'été. — Petit, mais excellent. Fondant et parfumé. Fertile. Maturité en août. C'est M. Noisette qui l'a introduit de Nantes dans les pépinières de Paris.

Bellissime d'été (synonimes *Suprême*, *A deux yeux*). — Fruit moyen, mi-fondant, de 1re qualité, très fertile. Maturité commencement d'août (Duhamel).

Beau présent d'Artois (synonime *Présent royal de Naples*). — Fruit gros, tendre, très fertile. Maturité fin août (Prévost).

Dearbon's seedling. — Petit, fondant, juteux, très fertile, relevé par une saveur particulière. Maturité en août. Introduit d'Amérique.

Bloodgood. — Fruit moyen, fondant, 1re qualité, fertile. Maturité en
août. Récemment introduit d'Amérique.

Gros Rousselet d'août. — Fruit moyen, fondant, de 1re qualité, fertile.
Maturité en août. Obtenu par Van-Mons.

Belle de Bruxelles sans pepins (synonime *Belle d'août*). — Gros, fondant, très fertile. Maturité en août (Prévost). C'est un fruit rond qu'il ne
faut pas confondre avec un autre de ce nom , mûrissant en septembre
allongé et qui a pour synonime *Beurré de Bruxelles.*

Bergamotte d'été (synonime *Beurré blanc, Beurré d'été, Milan de la
Beuvrière*). — Fruit moyen, tendre, juteux, très fertile. Maturité en août
(Duhamel).

Suprême de Quimper. — Moyen, tendre, juteux, très fertile. Maturité en
août. (Comice horticole d'Angers).

Bartlett de Boston (synonime *Bon chrétien William*). — Très grosse
poire beurrée, fondante, très fertile. Maturité fin août. Introduite d'Amérique. Eau sucrée, hautement parfumée. Peut être la meilleure et la plus
belle poire d'été.

Osband's Summer. — Moyenne, fondante, 1re qualité. Maturité en août.
Introduite d'Amérique.

Longue de Mankowty. — Moyenne, fondante, 1re qualité. Maturité commencement d'août (Jamin-Durand).

Rousselet de Rheims (synonimes *Petit rousselet, Petit musqué, Girofle*).
— Fruit petit, vert et rouge brun, sucré et très parfumé, fertile. Maturité
commencement de septembre (Duhamel). Excellent à l'eau de vie et en
poires tapées.

Crassane d'été. — Petite poire fondante et délicieuse. Maturité septembre (Bravy).

Belle et bonne des Zées. — Fruit gros, fondant, juteux, très fertile. Maturité en septembre (Dupuy). Superbe et délicieux. Obtenu en Touraine,
il y a quelques années.

Belle de Bruxelles (synonime *Beurré de Bruxelles*). — Gros, fondant,
fertile, fruit allongé, coloré de rouge au soleil. Maturité en septembre (Noisette).

Beurré d'Amanlis (synonymes : *Wilhelmine, Poire hubard, Kaissoise*). —
Fruit très gros, beurré, juteux, de toute 1re qualité. Très fertile. Obtenu
par Van-Mons : introduit en Normandie, il y a environ 40 ans, par M.
Thiessé, qui le dédia à son gendre, M. Hubard.

Il y a une variété panachée qui possède les mêmes qualités.

Beurré Goubault. — Fruit moyen, fondant, excellent. Il présente plutôt
par sa forme les caractères d'une bergamotte. Obtenu par Goubault,
d'Angers.

Beurré superfin. — Fruit gros, beurré, fondant. Maturité commencement
de septembre. Ce fruit délicieux a également été obtenu par Goubault.

Bon chrétien de Bruxelles. — Assez gros, mi-fondant, peu fertile. Maturité septembre.

Bon chrétien d'été ou Gracioli. — Gros, cassant, fertile. Maturité septembre. (Noisette.) Se forme difficilement en pyramide.

Doyenné commun (synonimes : *Doyenné blanc, Bonne ente, Saint-Michel,* etc.). — Moyen, tendre, très fertile. Maturité septembre. (Duhamel.) Très bon, mais il faut qu'il soit pris à point, car il est sujet à devenir cotonneux. Il n'a toutes ses qualités que mangé avec la peau, qui lui communique, comme dans la plupart des doyennés, un goût relevé.

Il y a une variété panachée.

Frédéric de Wurtemberg (synonime : *Vermillon d'Espagne*). — Fruit gros, en forme de toupie, obtus, de la grosseur du St-Germain, fondant, parfumé, de 1re qualité, fertile. Maturité septembre. Obtenu par Van-Mons. Paraît être le même que le beurré de Montgeron.

Louise Bonne d'Avranches (synonymes : *Louise Bonne de Jersey, Bonne de Longueval*). — Assez gros, allongé, rouge du côté du soleil, sur un fond vert, jaunissant à sa maturité, chair très fondante, ambrée et parfumée, très fertile. Maturité fin septembre. L'une des plus précieuses poires qui existent par la beauté, la qualité et la fertilité. Obtenue à Avranches, vers 1788, par M. de Longueval. Le pied primitif existe encore.

Beurré d'Angleterre. — Moyen, beurré, juteux, très fertile. Maturité septembre. (Duhamel.) Ne réussit que greffé sur franc. Produit beaucoup en plein vent. Bon fruit qui mûrit tout à la fois.

Doyenné Boussoch (synonimes : *Beurré de Mérode, Nouvelle Boussoch*).— Gros, tendre, très fertile. Maturité septembre. (Bivort.) Peu vigoureux sur coignassier. Beau et bon fruit; mais il faut le manger avant sa parfaite maturité, car il deviendrait pâteux.

La Juive. — Moyen, beurré, juteux. Maturité fin septembre. Fruit délicieux obtenu par le major Espéren.

Barbancinet. — Moyen, fondant, beurré, très fertile. Maturité commencement de septembre. Très avantageux pour le marché. (A. Leroy.)

Beurré Gens. — Moyen, beurré, juteux. Maturité mi-septembre. Fruit sucré, parfumé, exquis, obtenu par Van-Mons.

Collins. — Moyen, fondant, de 1re qualité. Maturité septembre. Nouvellement introduit d'Amérique.

Pie IX. — Gros, de 1re qualité. Maturité septembre. (Bivort.)

Belle et bonne d'Espéren. — Gros, long, chair fine, fondante, beaucoup d'eau, très sucrée, de toute 1re qualité. Maturité septembre. (Dauvesse.)

Beurré des Mouchouses. — Très gros, fondant, sucré, beaucoup d'eau, très relevé, de toute 1re qualité. Maturité septembre. (Dauvesse.)

Bergamotte Picquot. — Gros, fondant, de 1re qualité. Maturité commencement de septembre. L'arbre fait une très belle pyramide. (Jamin-Durand.)

Comte de Flandre. — Très gros, chair fine, fondante et de 1re qualité. Arbre fertile. Maturité en septembre. Obtenu par Van-Mons.

Jaschil aschrapai. — Gros, oblong, forme d'une figue, rouge du côté du

soleil sur un fond vert , jaunissant à sa maturité. De la Russie méridionale. (Audibert.)

Les catalogues belges et notamment celui de M. Papeleu , annoncent
comme très nouvelles, dans les poires de cette saison :

Reine des précoces. — Fruit mi-fondant, petit, très sucré. Arbre fertile.
Maturité juillet. Obtenu par Van-Dooren.

Vineuse d'Espéren. — Fruit exquis, chair fine, blanche , très fondante ,
eau vineuse, abondante, douce. Maturité septembre. Obtenu par le major
Espéren.

POIRES D'AUTOMNE.

Arbre courbé (synonime *Amiral*). — Fruit moyen, fondant, très fertile
Maturité octobre et novembre. Excellent gain fait par Van-Mons. D'une
conduite difficile, si ce n'est en espalier.

Archiduc Charles — Moyen, fondant, fertile. De 1re qualité. Maturité
octobre et novembre. (De Bavay.)

Belle épine Dumas (synonimes *Epine de Rochoir, Colmar du lot, Duc de
Bordeaux , Limousine*). — Moyen , pyriforme ou turbiné , juteux, fondant,
très fertile. Maturité d'octobre à décembre. A été trouvé, il y a 50 ans
environ, dans la forêt de Vauguyon, par M. Dumas, propriétaire à Gondon
(Haute-Vienne). L'arbre était à l'état de sauvageon , très épineux. Une
culture appropriée fit bientôt disparaître les épines.

Il se prête à toutes les formes et craint peu le froid et les brouillards.
(*Revue horticole*, 1853, p. 142).

Belle Henriette. — Moyen, turbiné, fondant, de 1re qualité. Maturité en
novembre. Obtenu par Van-Mons.

Belle de Berry (synonimes *Belle Andréïne, Poire de curé, etc.;* en Berry,
Poire Geoffroy). — Fruit gros, allongé, mi-fondant, dans quelques terrains
de 1re qualité. Très fertile. Maturité novembre et décembre. (Oalbret.)

Bergamotte cadette. — Moyen, fondant, arbre peu fertile. Maturité en
octobre.

Bergamotte lucrative (synonymes *Fiévée, Beurré lucratif, Fondante d'automne*). — Moyen, tendre, très fertile , 1re qualité. Maturité septembre et
octobre. Arbre faible, mais fruit très bon. André Leroy suppose que le
Seigneur Espéren, vendu en Belgique ces derniers temps , comme nouveauté, n'est autre que cette espèce.

Bergamotte buffo ou *Crapeau.* — Moyen , fondant , juteux , excellent,
mais peu fertile. Maturité septembre et octobre.

Beurré aurore ou *Capiaumont.* — Fruit moyen, demi-fondant, très fertile. Maturité de septembre à novembre. Remarquable par sa fertilité et
exquis en compote. M. Willermoz fait deux variétés de ces deux noms.
André Leroy n'en fait qu'une.

6

Mais il paraît bien qu'il y a deux variétés , l'une appelée *Capiaumont Van-Mons*, dont le fruit est plus gros. Ces deux variétés sont très voisines du *Beurré Bosc ;* les qualités sont les mêmes, mais le *Beurré Bosc* mûrit quinze jours plus tard. (*Revue horticole*, année 1850, p. 121.)

Beurré Auguste-Benoist. — A été trouvé pendant l'automne 1846 , dans une haie près Brissac (Maine-et-Loire), et porte le nom du pépiniériste qui l'a greffé le premier. Le fruit est gros, obtus, pyriforme , à queue courte et enfoncée. La peau est jaunâtre, mince, lisse , quelquefois lavée de rose du côté du soleil , marquée d'un petit nombre de points ou de taches fauves particulièrement vers le pédoncule. La chair est blanche, très fine , parfumée et fondante. Maturité courant d'octobre. L'arbre est remarquable par son excessive fertilité. (*Revue horticole*, 1848, p. 141.)

Beurré Brougham. — Gros, fondant, de 1re qualité, très fertile. Maturité novembre. Variété anglaise.

Beurré baronne de Mello. — Assez gros, fondant, de 1re qualité, fertile. Maturité fin d'octobre et novembre. (Jamin-Durand.)

Beurré Davis (synonimes *Beurré des bois, Belle de Flandres. Nouvelle, gagnée à heuse*). — Suivant A. Leroy, qui en fait encore le synonime de *Beurré Spence*, ce serait un très gros fruit, fondant, juteux, très fertile , mûrissant de septembre à novembre. Mais nous avons bien deux variétés distinctes : le *Beurré Spence*, qui est superbe et excellent, d'un gris fauve , jaunissant à la maturité. Sa chair est d'une saveur agréable et douce ; le *Beurré Davis*, beaucoup plus petit, couleur du beurré gris ordinaire beaucoup de jus, agréable et acidulé.

Beurré des Charneuses (synonimes *Fondante Charneuse, Désirée Van-Mons, Waterloo*). — Gros, turbiné, fondant, de 1re qualité, fertile. Maturité octobre.

Beurré Diel (synonimes *Beurré magnifique, Beurré royal, des Trois-Tours, Drytoren, Melon, Fourquoi, etc.*) — De toute 1re qualité, très gros, demi-fondant, très fertile. Maturité d'octobre à décembre. L'une des plus belles et des bonnes poires de la saison. M. Prévost croit le beurré royal et le beurré magnifique deux espèces distinctes ; mais M. A. Leroy ne partage pas cet avis. Trouvé à la ferme des Trois-Tours, à Vilvorde , près de Bruxelles.

Beurré gris (synonimes *Doré, d'Amboise, Isambart, de Treveren*). — Gros, beurré, juteux, très fertile. Maturité septembre et octobre. (Duhamel.) L'arbre est peu vigoureux. A. Leroy fait observer avec raison que c'est une des meilleures espèces parmi les anciennes et dont les excellentes qualités n'ont encore guère été dépassées par les nouvelles. Malheureusement, il ne réussit pas en pyramide et l'espalier lui est presque indispensable.

Il y a une variété panachée encore moins vigoureuse.

Beurré moiré. — Gros, cassant, fertile, 1re qualité. Mûrit en octobre et novembre. Obtenu par Moiré, à Angers.

Beurré Picquery (synonime *Urbaniste.*) — Moyen , beurré , juteux , très fertile. Maturité septembre et octobre. Quoiqu'en disent certains pomologistes, il est délicieux; mais il faut le cultiver sur franc et dans un bon terrain frais. Obtenu à Malines, vers 1786, dans le jardin des religieuses Riches-Claires, alors au comte de Colonna.

Bon chrétien Napoléon (synonimes *Captif de Sainte-Hélène, Charles d'Autriche, Bonaparte, Charles X, Mabille, Liard , Médaille, Belle Caënnaise, Melon, etc.)* — Gros, fondant, très juteux, de toute 1re qualité. Maturité octobre et novembre. Obtenu par M. Liard, à Mons, en 1808.

Broomparck. — Moyen, beurré, juteux, goût d'ananas et de melon , très fertile. Maturité novembre et décembre. (Thompson.) Saveur relevée et très agréablement aromatisée.

Calebasse Tougard. — Gros, fondant , beurré , très fertile. Maturité octobre et novembre. (Bivort.)

Colmar d'Aremberg (synonimes *Cartofel, Fondante de Jaffard*). — Gros, mi-fondant, très fertile. Maturité octobre à décembre. Fruit superbe, eau légèrement acerbe. Obtenu par Van-Mons.

Délices de Jodoigne. — Moyen , demi-fondant , 1re qualité , fertile. Maturité octobre. Fruit excellent, obtenu par M. Bouvier, à Jodoigne (Belgique).

Délices d'Hardenpont. — Cette variété est celle de Belgique. Fruit gros, fondant, juteux, fertile, que le comice horticole d'Angers a également appelé : *Fondante pariselle.* Il mûrit en octobre, est sucré, parfumé et délicieux. Obtenu à Mons, en 1759, par l'abbé d'Hardenpont.

Délices d'Hardenpont d'Angers. — Moyen, beurré, juteux , très fertile. Maturité en novembre et décembre. (Villermoz.) Excellent et d'une fertilité constante.

Doyenné de Sterckman. — Gros, beurré , fondant , très fertile. Maturité en novembre. C'est un très bon fruit, très profitable.

Duchesse d'Angoulème (synonime *Poire de Pézénas*). — Très grosse, fondante, juteuse, très fertile. Maturité octobre et novembre. (Noisette.) C'est une des plus belles et des meilleures poires. Sa chair est bien plus relevée, quand l'arbre est planté dans un terrain sec ou tout au moins léger. Elle a été trouvée chez M. d'Armaillé, près d'Angers.

Il y a une variété panachée. L'arbre est plus faible et le fruit un peu moins gros.

Ferdinand de Mester. — Assez gros, ventru, fondant, de 1re quelité. Maturité en octobre. Obtenu par Van-Mons.

Leurs. — Moyen , très fondant, juteux, de 1re qualité. Maturité d'octobre à décembre. Originaire d'Amérique. Adressé à la société d'horticulture de Paris, en 1830, par M. Dearborn , président de la société d'horticulture de l'Etat de Massachusetts.

Marie-Louise Delcourt. — Gros, fondant, de 1re qualité , fertile. Maturité en octobre et novembre. Obtenu par Van Mons.

Messire Jean. — Quoique cassant, c'est un fruit très estimable, de grosseur moyenne. Maturité novembre et décembre. Le meilleur pour les raisinés.

Saint-Michel archange. — Assez gros, beurré, juteux, de 1re qualité, très fertile. Maturité octobre et novembre. (Prévost.) C'est un fruit très parfumé. Il ne réussit guère sur coignassier.

Soldat laboureur levrai. — De la grosseur d'un *Saint-Germain*, pyriforme, allongé, un peu irrégulier, beurré, juteux, fertile, de 1re qualité. Maturité octobre et novembre. (Bivort.) C'est le véritable, obtenu par le major Espéren. Ne pas confondre avec l'*Orpheline d'Enghien*.

Seeckle Pear. — Petit, fondant, beurré, très fertile. Maturité octobre. (Lindley.) Ne réussit guère que sur franc. Son eau est abondante, sucrée, avec un arôme particulier qui, selon André Leroy, en fait une des plus délicieuses poires. Obtenue en Amérique, près de Philadelphie, par M. Van-Seckle. En 1831, M. Dearborn en adressa des greffes à la société d'horticulture de Paris.

Triomphe de Jodoigne. — Fruit de première grosseur, pyriforme, long de 13 centimètres sur 9 de diamètre, peau d'un jaune foncé, légèrement teintée de verdâtre au sommet et de rouge rose à la base, taches rousses, chair fondante et parfumée. Maturité novembre et décembre. (Bouvier.) C'est un des plus beaux fruits connus. Il fleurit abondamment, mais retient difficilement son fruit.

Van-Mons Léon Leelere. — Très gros, beurré, juteux, fertile. Maturité d'octobre à décembre. Obtenu par M. Léon Leclerc, c'est une des plus belles et des meilleures acquisitions de ces derniers temps.

Verte longue (synonimes *Mouille-Bouche*, *Muscat fleuri*). — Moyen, fondant, très fertile. Maturité commencement d'octobre.

La variété panachée, ou *Culotte suisse*, est plus jolie et possède les mêmes qualités que le type.

Heatcol de Gore. — Moyen, beurré, fondant. Maturité en octobre. Eau sucrée, parfumée, excellente. Originaire d'Amérique. Greffes envoyées, en 1830, par M. Dearborn.

Cresane (synonime *Bergamotte crassane*). — Assez gros, tendre, agréablement acidulé, peu fertile. Maturité en novembre. Poire renommée pour ses excellentes qualités. Mais elle ne réussit guère en plein vent ; elle s'y crevasse. Elle ne réussit nullement en pyramide. Il lui faut l'espalier au levant ou au midi.

Beurré Bosc. — Gros, cassant, très fertile, excellent. Ne réussit que sur franc. Maturité en octobre et novembre.

Beurré Derouineau. — Petit, beurré, juteux, très fertile. Maturité octobre et novembre. Obtenu près d'Angers par un horticulteur de ce nom. Sucré, parfumé, excellent.

Beurré Saint-Nicolas. — Gros, beurré, juteux, très fertile. Maturité octobre et novembre. Exquis, né à Angers, ferme Saint-Nicolas.

Doyenné Goubault. — Moyen, fondant, très fertile. — Maturité d'octobre à décembre. Obtenu à Angers par Goubault.

Doyenné gris (synonime *Crotté, Galeux, Roux,* etc.) — Moyen, fondant, juteux, très fertile. Maturité octobre et novembre. (Duhamel.) Sa bonne réputation est aussi ancienne que méritée.

Doyenné Robin. — Gros, arrondi, fondant, fertile. Maturité septembre et octobre. Obtenu par Robin, à Angers.

Ne plus meuris (synonime *Beurré d'Anjou*). — Gros, tendre, juteux, fertile. Maturité novembre et décembre. (Bivort.) Superbe et bon fruit.

Orpheline d'Enghien (synonime *Beurré d'Aremberg, Beurré Deschamps*). — De la grosseur d'un passe colmar, en forme de toupie, plus ou moins allongée. Chair fondante et agréable. Grande fertilité. Maturité novembre et décembre. (Deschamps.) A. Leroy fait observer que les pépiniéristes ne sont pas d'accord sur cette espèce. Longtemps en France on l'a vendue à tort sous le nom de *Soldat laboureur.* Les Belges lui donnent le nom de *Beurré d'Aremberg.* Mais ce n'est pas le fruit que nous connaissons sous ce nom.

Beurré Berkmans. — Assez gros, chair très fine, blanche, fondante, beurrée, sucrée, vineuse et parfumée. Maturité novembre et décembre. (Bivort.)

Beurré clairgeau. — Obtenu par M. Clairgeau de Nantes, qui le croit issu d'un beurré et d'une duchesse d'Angoulême. Fruit magnifique, pesant jusqu'à 457 grammes. Gros, oblong, fondant. Maturité en novembre.

Beurré hardy. — Moyen, fondant. De 1re qualité. Maturité en octobre. (Rivers.)

Beurré milet. — Moyen, fondant, beurré, très fertile. Maturité novembre et décembre. Obtenu par le Comice horticole d'Angers. Eau abondante, sucrée, vineuse, légèrement acidulée. Délicieux.

Beurré noisette. — Gros, beurré, fondant. 1re qualité. Maturité en octobre. (Comice horticole d'Angers). Juteux, parfumé et très beau.

Capsheaf. — Gros, fondant, très fertile. De toute 1re qualité. Maturité octobre.

Doyenné du comice. — Gros, fondant, juteux, fertile, de toute 1re qualité. Maturité novembre et décembre. Superbe et excellente espèce, née dans le jardin du Comice à Angers.

Fondante du comice. — Très gros, fondant, juteux. De 1re qualité. Maturité octobre, novembre. Superbe, excellent, né dans le jardin du Comice d'Angers.

Golden beurré of Bilbao. — Moyen, fondant, beurré, très fertile. De 1re qualité. Maturité en septembre. Originaire d'Amérique.

Sorlus. — Gros, fondant, beurré, 1re qualité. Maturité novembre, décembre. Ce fruit, obtenu par Van-Mons, a une eau abondante, sucrée, légèrement parfumée.

Surpasse Virgalien. — Moyen, beurré, très fondant, fertile. Maturité octobre. Originaire d'Amérique, hautement parfumé et délicieux.

Wredow. — Moyen, fondant, beurré. Maturité septembre et octobre. Arbre peu vigoureux sur coignassier, mais l'une des plus délicieuses poires de la saison. (Comice horticole d'Angers.)

Henkaël. — Moyen, chair très fondante, eau sucrée, abondante, très fine et de 1re qualité. Maturité en octobre. Obtenu par Guéroult de St-Denis.

Retour de Rome. — Moyen, chair très blanche, fine, eau abondante, sucrée, exquise. Maturité en novembre et décembre. Obtenu par Van-Mons.

Adèle de Saint-Denis. — Moyen, fondant, de 1re qualité. Fertile. Maturité en octobre.

POIRES D'HIVER.

Belle de Noël (synonime *Fondante de Noël*). — Moyen, fondant, beurré, très fertile. Maturité en janvier et février. Obtenu par le major Espéren.

Belle angevine (synonimes *Angora*, *Belle de Jersey*, *Bolivar, duchesse de Berry, Uvedale St-Germain, etc.*) — Ce n'est qu'un fruit cassant et de peu de qualité. Mais par sa beauté, il fait l'ornement des desserts. C'est la plus grosse poire connue ; elle pèse souvent plus d'un kilogramme 1/2. Paraît originaire d'Angleterre et avoir été dédiée au docteur Uvedale, qui vivait à Eltham, en 1690. Maturité en hiver.

Bergamotte Crassane d'hiver (synonimes *St-Herblain* , *Beurré Bruneau*). — Moyen, demi-fondant , mais peu fertile. Maturité novembre à février. Obtenu par M. Bruneau.

Bergamotte Espéren. — Excellent gain du major Espéren. Arbre vigoureux, d'une grande fertilité. Fruit moyen, juteux et qui se conserve de novembre en avril.

Beurré Bretonneau. — Autre gain du major Espéren. Gros, demi-fondant. fertile. Maturité en mars. Ne réussit que sur franc.

Beurré bronzé. — Gros, juteux, 1re qualité. Maturité décembre, janvier. (Villermoz). Obtenu vers 1810, à Enghien.

Beurré de Chaumontel (synonime *Bézy de Chaumontel*). — Gros, cassant, fertile. Maturité décembre, janvier. La pyramide ne lui convient guère. L'exposition qui lui convient le mieux est celle en espalier, au midi. Réussit également bien à haute tige. Dans les terrains humides, le fruit a une certaine âcreté. Obtenu à Chaumontel, près de Luzarches, en 1668.

Beurré d'Aremberg, en France (synonimes *Beurré d'Hardenpont* , en Belgique ; *Glow-Morceau,* en Angleterre).— Gros, beurré, juteux, fertile. Maturité novembre à février. C'est un excellent fruit. Apporté à Paris, en 1806, des jardins du duc d'Aremberg, par Noisette. Nous avons déjà dit que les pomologistes belges donnaient ce nom à l'*Orpheline d'Enghien.*

Colmar Nélis (synonimes *Beurré ou Bonne de Malines, Nélis d'hiver*). —
Moyen, fondant, juteux, très fertile. Maturité décembre, janvier. Obtenu
par Van-Mons. Très bon et parfumé.

Beurré gris d'hiver nouveau, ou de Luçon. — Gros, beurré, juteux, fertile, de toute 1re qualité. Maturité décembre à février. (Bivort.) Peu vigoureux sur coignassier ; prospère mieux sur franc. Fruit aussi bon que
beau.

Bézy Vaat. — Moyen, fondant. Maturité décembre à février. Originaire
de la Russie méridionale.

Bézy de Caissoy (synonime *Roussette d'Anjou*). — Quoique petit, c'est un
excellent fruit, déjà très estimé du temps de Duhamel. Demande la greffe
sur franc et le plein vent. Maturité décembre, janvier.

Conseiller de la cour. — Très gros, fondant, de 1re qualité, fertile. Maturité en janvier. Obtenu par Van-Mons.

Doyenné Sieulle. — Moyen, fondant, de 1re qualité, fertile. Maturité de
novembre à février. Obtenu par Sieulle.

Passe Colmar gris ou doré (synonime *Pucelle Condésienne*). — Fruit
moyen, fondant, beurré, fertile. Maturité décembre à février. (Noisette.)
Fruit de toute 1re qualité, avec une eau vineuse, sucrée et délicieusement
parfumée. Obtenu à Rance, village du Hainaut, en 1758, par M. Hardenpont.

Saint-Jean-Baptiste. — Gros, demi-fondant, de 1re qualité. Maturité
janvier et février. (Bivort.)

Virgouleuse (synonime *Poire glace*). — Moyen, fondant, très bon dans
les terrains qui lui conviennent, c'est-à-dire légers. Maturité décembre,
janvier. Arbre vigoureux se mettant difficilement à fruit, ne réussissant
pas en pyramide. Originaire de Virgoulé (Haute-Vienne).

Beurré Morisot. — Énorme, chair demi-fondante, beaucoup d'eau. Maturité décembre et janvier. (Dauvesse.)

Beurré Defais. — Beau fruit, fondant, fertile. Maturité décembre, janvier. Obtenu par un cultivateur d'Angers qui lui a donné son nom.

Colmar (synonime *Poire manne*). — Gros, fondant, peu fertile. Maturité
novembre, février. Bonne variété, mais qui ne fructifie qu'en espalier au
midi.

Doyenné d'Alençon (synonime *Doyenné gris d'hiver nouveau*). — Moyen,
fondant, juteux, très fertile. Maturité décembre, février. (Bivort.) Excellent fruit d'hiver, qu'il ne faut pas confondre avec le *Doyenné d'hiver* ou
Bergamotte de Pentecôte, encore meilleur, plus gros et plus tardif.

Alexandre Bivort. — Moyen, fondant, juteux, Maturité janvier. (Bivort).

Beurré Wetteren. — Gros, fondant, beurré. Maturité février. (Berckman.)

Columbia. — Gros, beurré, juteux, très fertile. Maturité de novembre à
janvier. Originaire d'Amérique, superbe, excellent et très productif.

Rhusmore américain. — Moyen, se rapprochant du *Bon chrétien*, mais
plus juteux. Maturité janvier. Originaire d'Amérique.

Bosdurgan. — Assez gros, cassant, mais relevé. Maturité en janvier. Originaire de la Russie méridionale.

Poire Courtin. — Beau fruit, très allongé, d'un jaune-pâle ; chair fondante, relevée. Maturité de novembre à janvier. (Bravy.)

Beurré Delfosse. — Moyen, chair fine, fondante, beurrée, exquise, ayant de l'analogie avec le passe colmar, mais d'un arôme plus prononcé. Maturité de décembre à février. (Grégoire.)

POIRES DE FIN D'HIVER ET DE PRINTEMPS.

Bergamotte Fortunée (synonime *Fortunée d'Angers*). — Fruit moyen, fondant, très fertile. Maturité avril et mai. (Parmentier.) Il a besoin d'une bonne exposition au midi, pour acquérir toutes ses qualités.

Bon Chrétien d'Hiver. — Gros, cassant, peu fertile. Maturité février, mars et avril. (Duhamel.) Ne réussit bien qu'en espalier, au midi, dans les sols calcaires et chauds. Il ne mérite pas sa réputation. On dit qu'il a été rapporté de Hongrie par Saint-Martin.

Il en existe beaucoup de sous-variétés, telles que le *Bon Chrétien d'Auch*, *de Souvigny*, *de Vernois*. Le *Bon Chrétien Turc* est plus gros et mûrit plus tôt.

Bon Chrétien de Rance (synonime *Beurré Noirchain, Belle de Flandres*). — Gros, beurré, juteux, fondant. Maturité janvier à avril. Peu vigoureux sur coignassier. L'une des meilleures poires d'hiver. Obtenue à Rance, village du Hainaut, par M. Hardenpont, en 1758.

Catillac (synonime *Bon Chrétien d'Amiens, Chartreuse, gros gilôt*). — Très gros, cassant. De 1re qualité pour cuire. Maturité de janvier à avril. (Duhamel.) Ne réussit pas en pyramide. Le couchant et le levant lui conviennent le mieux pour espalier.

Doyenné d'hiver, Bergamotte de Pentecôte. — Très gros, fondant, très fertile. Maturité de janvier à avril. (Société d'horticulture de Paris.) Selon nous, c'est la meilleure poire d'hiver ; on ne saurait trop la multiplier, car elle réunit tous les mérites et réussit sous toutes les formes.

Suzette de Bavay. — Obtenu par le major Espéren. Moyen, fondant, de 1re qualité. Maturité de février à avril.

Beurré de Bolwiller. — Moyen, fondant. Maturité avril, mai. (Baumann.)

Bézy des Vétérans. — Gros, cassant, très fertile. Maturité janvier à avril. (Villermoz.)

Délices de Charles. — Moyen, fondant, fertile. Maturité en mars. Obtenu par Van-Mons.

Joséphine de Malines. — Moyen, beurré, juteux. Maturité de février à avril. Obtenu en 1830, par le major Espéren. Peu vigoureux sur coignassier, mais fruit exquis.

Saint-Germain ou *Inconnue Lafare.* — Gros, allongé, beurré, de toute

1re qualité. Maturité décembre à avril. (Duhamel.) Il ne réussit pas en pyramide ; en espalier, il lui faut le levant ou le midi. Tous terrains ne lui conviennent pas : dans quelques-uns, il devient pierreux ; dans d'autres, il contracte une légère pointe d'amertume. Il n'a toutes ses qualités que dans un sol léger ou dans des terres rapportées et remuées.

Il y a un *Saint-Germain panaché* qui a les mêmes qualités ; sa peau ressemble à celle de la *Culotte suisse*. Il est plus délicat.

Selon M. Dubreuil, il y a, quoi qu'en disent certains pomologistes, deux variétés de *Saint-Germain* : l'un à peau verdâtre, l'autre à peau grise. Des expériences par lui faites l'ont affermi dans cette conviction.

Léon Leclerc de Laval. — Gros, cassant. Maturité mars à mai. Obtenu par le pomiculteur dont il porte le nom.

Bergamotte Drouet. — Moyen, fondant, 1re qualité. Maturité de mars à mai.

Beurré Winter. — Gros, fondant, de toute 1re qualité. Obtenu récemment d'un semis de *Bergamotte de Pentecôte*. Maturité mars, avril. (Rivers.)

Elisa d'Heyst. — Moyen, fondant, de 1re qualité. Maturité mars, avril. Obtenu par le major Espéren. L'espalier lui est nécessaire, c'est là qu'il acquiert toutes ses qualités.

Présent Van-Mons. — Gros, fondant, 1re qualité. Maturité mars à avril. Obtenu par Van-Mons.

Prévost. — Assez gros, chair blanche, fine, demi-fondante. Eau assez abondante, sucrée et très parfumée. Maturité de décembre en avril. (Bivort.)

Rousselon. — Assez gros, chair fine, blanc jaunâtre, fondante et parfumée, de 1re qualité. Maturité de février à mai. Obtenu par Dupuy.

Beurré Millet. — De la forme d'un *Doyenné* assez gros. Chair fine, beurrée, de 1re qualité. Maturité en mars et avril. Obtenu par un cultivateur de ce nom.

Zéphirin Grégoire. — Moyen, chair fine, beurrée, exquise. Maturité de décembre en mars.

Alexandre Lambré. — Moyen, fondant et très fertile. Maturité de décembre en mars. C'est un des plus beaux semis de Van-Mons.

Beurré Bennert. — Moyen, fondant, beurré, chair rosée. Maturité janvier et février. (Bivort.)

Beurré de Longpré. — Très gros, fondant, beurré, agréablement parfumé. Maturité janvier et février. Obtenu par de Buck.

Ce catalogue est déjà bien long ; mais nous considérons les fruits qui y sont portés comme tous recommandables à divers titres et dignes d'appeler l'attention d'un amateur. Nous en avons omis un bien plus grand nombre, dont plusieurs ont encore un mérite distingué. Notre but a été de mettre toute personne qui désire créer un jardin, à même de choisir pour chaque saison des variétés donnant d'excellents fruits. Nous croyons l'avoir atteint.

Il est inutile de dire qu'aucune des variétés de poiriers ne se reproduit franche de graines. On les multiplie par la greffe en fente ou l'écusson à œil dormant. Mais ce moyen paraît épuiser les espèces, leur enlever à la longue une partie de leur vigueur primitive.

Il est fort à regretter que des tentatives sérieuses n'aient pas été faites pour reproduire les arbres fruitiers de boutures. Les voyageurs racontent que ce procédé est fort usité en Chine, où il donne des résultats avantageux. Mais les pépiniéristes sont peu soucieux des essais, surtout de ceux qui exigent des soins et quelques frais.

Trois sortes de sujets sont employés pour la greffe, le coignassier, le franc et le sauvageon.

Les pépiniéristes ont une prédilection marquée pour le coignassier. Il donne sans doute des fruits plus tôt, de plus gros et peut-être de plus savoureux. Mais, dans tous terrains, même les meilleurs, il ne vit pas très longtemps. Pour le Berry, en général, le coignassier doit être proscrit : l'expérience nous a démontré qu'à l'exception des terres d'alluvion ou de celles qui sont fraîches et humides, dès les premières années, l'arbre est affecté de la chlorose et ne tarde pas à périr.

Mais que doit-on préférer, du franc ou du sauvageon ? Une controverse sérieuse s'est engagée sur ce point. Elle tient peut-être à ce qu'on ne s'est pas entendu dès le principe sur le but que se propose le planteur. S'agit-il d'un jardin potager, à garnir de pyramides, de contr'espaliers, de vases, nous dirons : greffez sur franc, parce que l'arbre acquiert des dimensions moins considérables, qu'il fructifie plus vite et plus constamment.

Voulez-vous au contraire planter un verger ou des arbres en bordures, nous dirons : choisissez des sauvageons. Ils sont très robustes, d'une rusticité en quelque sorte à toute épreuve. Avec l'âge, ils acquièrent une taille énorme et donnent des fruits plus petits il est vrai, mais en plus grande abondance, d'une plus longue garde et sont par tous ces motifs très bien appropriés pour cette destination.

Le poirier est plus délicat sur la nature du sol que tous les arbres dont nous avons parlé jusqu'à présent. Si sa racine pivotante rencontre une eau stagnante, il périt ; il végète mal et donne des fruits inférieurs dans les terres compactes et froides, ainsi que dans celles où il rencontre un sous-sol argileux. Il végète mieux dans les sols maigres et très secs et son fruit y a plus de saveur. Mais il affectionne surtout les terres franches et substantielles.

La meilleure exposition générale d'un jardin pour le poirier est celle d'un terrain en pente vers l'est. La moins bonne est celle du nord.

A l'article de la taille, nous parlerons des formes à donner au poirier, qui, du reste, se prête à toutes.

Elevé en plein vent (et presque toutes les variétés y sont propres), il n'exige pas de soins particuliers. Il suffit, dès les premières années, de tailler trois ou quatre jeunes branches, de manière à les faire ramifier et à former une tête. Il n'y a plus ensuite qu'à débarrasser l'intérieur des branches qui font confusion et du bois mort.

Il est bien regrettable que, parmi tant de pépiniéristes ou pomologistes distingués, qui ont écrit dans ces dernières années, il n'en soit pas un seul qui ait eu la pensée d'apprendre à ses lecteurs dans quels terrains chaque variété se convient le mieux et donne des fruits plus savoureux. Nous avons fait quelques observations, trop peu nombreuses encore, sur cette partie intéressante ; mais enfin quelques données en sont ressorties pour nous.

Généralement tous les *Doyennés* et les *Beurrés* sont infiniment supérieurs dans un terrain sec, calcaire ou léger. Il en est de même de la *Duchesse d'Angoulême*, qui après tout nous paraît issue d'un *Doyenné*. Nous exceptons de cette règle le *Beurré d'Aremberg*, que nous avons toujours trouvé meilleur dans un sol frais.

La famille des *Bergamottes* se plaît également dans ce dernier terrain.

Nous devons ajouter que dans les jardins clos de murs, il est deux expositions, le couchant et le nord, où les autres arbres en espalier réussissent assez mal et où certaines variétés de poiriers donneraient de bons résultats. Nous engageons donc les propriétaires à utiliser sérieusement les murs à ces aspects. M. Jamin-Durand, dans un catalogue raisonné et très bien fait, a donné la liste des variétés propres à chacune de ces expositions.

Pour le couchant, il recommande : le *Doyenné d'été*, le *Beurré Giffard*, l'*Epargne*, la *Bonne des Zées*, le *Bon Chrétien d'été*, le *Beurré d'Amanlis*, le *Doyenné Boussoch*, le *Beurré gris*, le *Beurré superfin*, *Spence*, des *Charneuses*, *Capiaumont*, *Hardy*, la *Duchesse d'Angoulême*, *Marie-Louise Delcourt*, *Beurré Davis*, *Beurré Bosc*, *Van-Mons Léon Leclerc*, *Beurré Napoléon*, *Colmar d'Aremberg*, *Doyenné gris*, *Crassane*, *Triomphe de Jodoigne*, *Belle de Berry*, *Beurré Diel*, *Délices d'Hardenpont de Belgique*, *Ne plus meuris*, *Passe-Colmar*, *Soldat Laboureur*, *Beurré de Sterckmann*, *Saint-Jean-Baptiste*, *Beurré gris d'hiver nouveau*, *Beurré Chaumontel*, *Bézy des Vétérans*, *Doyenné Goubault*, *Suzette de Bavay*, *Bergamotte Espéren*, *Beurré de Rance*, *Colmar manne*, *Doyenné d'Alençon*, *Joséphine de Malines*, *Elisa d'Heyst*, *Bergamotte de Pentecôte*, *Bon Chrétien turc*, *Belle Angevine*.

Pour le nord : *Bonne des Zées*, *Bon Chrétien William*, *Doyenné Boussoch*, *Louise Bonne d'Avranches*, *Amiral*, *Beurré Benoist*, des *Charneuses*, *Capiaumont*, *Hardy*, *Baronne de Mello*, *Duchesse d'Angoulême*, *Colmar d'Aremberg*, *Doyenné gris*, *Belle Epine Dumas*, *Beurré Diel*, *Délices d'Hardenpont de Belgique*, *Beurré d'Aremberg*, *Passe-Colmar*, *Soldat Laboureur*, *Beurré de Sterckmann*, *Beurré gris d'hiver nouveau*, *Crassane d'hiver*, *Bézy des Vétérans*, *Doyenné Goubault*, *Doyenné d'Alençon*, *Bergamotte de Pentecôte*.

Avant de terminer l'article du genre *Poirier*, nous devons parler de quelques fruits plus spécialement connus dans le département du Cher.

Ce que l'on appelle la forêt de Saint-Martin fournit des produits très abondants ; mais ce que nous avons été à même de goûter ne nous a pas donné une très haute opinion de leur qualité. Deux variétés seulement nous ont semblé dignes d'être cultivées : c'est d'abord la *Poire à la grand' queue*, assez juteuse et fine, qui n'a que le défaut d'être un peu granuleuse ; et en second lieu la *Poire d'angoisse*, qui à la vérité n'est pas un fruit à couteau, mais qui est de première qualité cuite.

Dans certains cantons, tels que ceux de Nérondes et de La Guerche, il existe beaucoup de fruits de cette catégorie, qui ne sont pas sans mérite. Nous citerons les poires de *Serteau*, de *Claie*, d'*Ignou*, d'*Epinay rouge et vert*, de *Plateau*. La poire *Landallé* est un assez bon fruit d'été, et celle de *Bouillère*, très juteuse, relevée, se rapproche de la *Crassane*. Soumis à une culture raisonnée, cet arbre pourrait être perfectionné.

Telles sont les seules richesses que nous connaissions en Berry. Le catalogue en est bien restreint.

§ 2. — LE POMMIER (*Malus*).

La pomme n'est comparable à la poire ni pour la finesse de la chair, ni pour la saveur de l'eau, ni pour la variété et la délicatesse du parfum. Mais ses produits sont bien plus abondants, d'une garde et d'un transport plus faciles ; ils s'emploient à une foule d'usages domestiques qui conviennent au pauvre aussi bien qu'au riche. Enfin l'arbre est plus rustique, s'accommode mieux de tous terrains, et comme il fleurit plus tard, il souffre moins des gelées printannières et promet des récoltes presque toujours certaines.

Parmi les nombreuses variétés, nous n'indiquerons que celles qui nous paraissent les meilleures.

Fruits d'été.

Api d'été. — Plus gros que l'*Api ordinaire*, moins coloré, goût relevé. Maturité en juillet. (Nouveau Duhamel.)

Calville blanche d'été (synonimes *Blanche précoce, Passe-Pomme blanche* ; en Berry, *Pomme Magdelaine* ou *Saint-Jean*). — Fruit moyen, assez relevé, un peu acide, très fertile. Maturité en août. (Duhamel.)

Calville d'été, Passe-Pomme rouge. — Petit, tendre, moins relevé que le précédent. Maturité en août. (Duhamel.)

Carmin de juin (synonimes *Ecarlate sans pareille, Vermillon précoce*). — Moyen, tendre. Maturité en août. (Noisette.) C'est une des plus belles et des meilleures pommes précoces.

Postophe d'été. — Assez gros, tendre. Maturité en août. (Noisette.)

Calville impériale. — Très gros, belle couleur, saveur assez agréable. Maturité en août. (Papeleu.)

Rambourg d'été (synonime *Rambourg franc*). — Fruit très gros, jaune verdâtre et blanchâtre, rayé de rouge. Chair peu agréable, mais excellente cuite. Maturité en septembre. (Duhamel.)

Summer pearmain. — D'origine américaine et déjà connu depuis quelque temps. Assez gros et d'un goût assez relevé. Maturité en septembre. (Bravy.)

Transparente (synonime *Calville transparente*). — Grosse, peau d'une blancheur éclatante, sans la moindre teinte de rouge. Elle a la transparence de la cire. Chair fine, parfumée, très bonne. Maturité en septembre. (Bravy.) Il ne faut pas la confondre avec la *Pomme d'Astracan* ou *Transparente ancienne*, qui n'est que médiocre.

Borowiski. — Très gros fruit, allongé, doux, très fertile. Maturité août et septembre. (Jamin-Durand.)

Fornariska. — Pomme d'été, que nous ne connaissons pas, mais que M. Hardy recommande dans la dernière édition de son traité sur la taille des arbres fruitiers.

D'excellentes pommes pour cette saison ont été importées d'Amérique par les frères Audibert. Nous citerons notamment les suivantes :

Red junealing. — Maturité en juin.

Early sine quá non. — Maturité en juillet.

Green Newton pippin. — Même époque.

Sons Bow apple. — Maturité juillet, août.

Mary Gold. — Maturité en août.

Large red and green Sweeting. — Maturité août et septembre.

Solce Moorés Sweeting, maturité en juin, et *Summer rose*, maturité en août : ces deux variétés nous ont paru excellentes.

Nous en dirons autant de l'*Yellow Harvest*, qui mûrit en juillet et est encore supérieur. Nous croyons ce dernier identique avec l'*Early Harvest*, qui se trouve depuis quelques années seulement chez les pépiniéristes de Paris.

FRUITS D'AUTOMNE.

Capucine de Tournay. — Fruit très gros, anguleux, à côtes très prononcées, chair assez fine, relevée. Maturité fin de septembre et octobre. (Bravy.)

Gloria mundi. — L'un des plus gros et des plus beaux fruits connus, d'une belle forme, d'un jaune clair lavé de rouge du côté du soleil, assez bon. Maturité fin de septembre et octobre.

Reinette de Hollande. — Gros et bon fruit. Maturité septembre et octobre. (Noisette.)

Royale d'Angleterre. — Superbe de forme et de coloris. Il est arrondi et d'un jaune doré. Chair agréable. Maturité septembre à novembre. (Poiteau.)

Maiden Blush. — Gros, jaune léger et rose vif, chair fine, eau abondante, relevée, parfumée. Maturité en octobre. D'origine américaine, connu déjà depuis quelque temps. (Bravy.)

Belle des Jardins. — C'est une pomme magnifique de forme, de coloris et de grosseur ; mais il ne faut pas attendre trop longtemps pour la consommer. Passable seulement de qualité. Maturité en octobre. (Comice horticole d'Angers.)

Adam. — L'une des plus grosses pommes connues, forme régulière, unie, peau jaune, lavée de rouge léger, parsemée de points roux rares et peu apparents. Sa chair, sans être très fine, est de bonne qualité. Maturité d'octobre à novembre. (Bravy.)

Eve. — Très gros fruit, bien fait, peau vert clair, jaunissant à la maturité, chair fine, assez relevée, bonne. Maturité octobre, novembre et jusqu'à décembre. (Bravy.)

Gravenstein. — Grosse pomme, d'origine anglaise, meilleure cuite que crue. Maturité octobre à décembre. (Thompson.)

Fenouillet doré, Drap d'or. — Fruit moyen, très joli, goût agréable, fertile. Maturité novembre et décembre. (Duhamel.)

De châtaigner. — Moyen, rouge foncé, assez bon. D'une fertilité remarquable. Maturité en décembre. (Noisette.)

Grand Alexandre. — Pomme magnifique, d'un goût assez agréable. Maturité octobre et novembre. Elle paraît originaire de la Russie méridionale, et elle est connue à l'étranger sous le nom de *Kaiser Alexander.*

Le *Kews admirable* est un superbe fruit, mûrissant en décembre, qui a été importé des mêmes contrées.

Gros Papa (synonime *Grosse Face d'Amérique*) — Gros, très bon cuit. Maturité en novembre et décembre.

Jacques Lebel. — Superbe pomme, obtenue à Amiens par M. Jacques Lebel. Maturité de septembre à décembre.

Belle Joséphine (synonimes *Baltimore, Belle des bois, Monstrous pippin, Rhod Island*). — Monstrueux, agréable fruit de table. Maturité novembre et décembre. (Poiteau.) Importé d'Amérique par le comte Lelieur.

Ménagère. — Presqu'aussi gros que le précédent, avec lequel quelques pépiniéristes le confondent à tort. Assez bon. Maturité octobre à décembre.

Pigeonnet commun. — Petit fruit, très estimé avec juste raison et très répandu en Normandie. Maturité d'octobre à décembre.

Le *Pigeonnet blanc* mûrit un mois plus tard, mais il est moins bon.

Reinette de Bretagne. — Moyen, très bon. Mûrit en décembre. (Duhamel.)

Reinette dorée. — Moyen, d'une saveur agréable. Mûrit en décembre. (Duhamel.)

De jauné. — Gros, très fertile. 1re qualité. Mûrit fin d'automne. (Jamin-Durand).

De St-Sauveur. — Très beau et gros fruit, coloré et côtelé comme le calville blanc d'hiver, mais plus allongé, d'un goût fin et relevé. Maturité fin d'automne. (Jamin-Durand).

Violette ou quatre goûts. — Gros fruit rond, peau rouge foncé. La chair a un parfum de violette très agréable. Maturité fin d'automne. (Jamin-Durand).

Reinette drap d'or, improprement appelée par quelques pépiniéristes *Reinette d'Angleterre.* — Fruit moyen, beau jaune marbré de rouge. Chair fine, sucrée, très bonne. Maturité en décembre. (Bravy.)

Pomme fraise. — Tout petit fruit, de 1re qualité, rappelant le parfum de la fraise. Maturité septembre et octobre. (Papeleu.) Il paraît venir du Danemarck, où il est connu sous le nom de *Kantel.*

Nous devons aux frères Audibert, pour cette saison, entr'autres arbres tirés d'Amérique :

Fall pippin, qui pèse souvent une livre. Maturité octobre et novembre.

Yellow Newton pippin. — Très bon fruit, d'une belle couleur jaune doré, à sa maturité. Mûrit de septembre à novembre.

American non pareil or doctor Apple. — Maturité octobre et novembre.

Sweet cann. — Bon fruit, très fertile. Maturité en octobre.

Sweet and sour. — Assez gros, couleur vert tendre, d'une incomparable fertilité. Maturité en novembre et décembre. Cette pomme, dont la chair est fine et délicate, réunit plusieurs saveurs différentes, qui lui donnent un montant tout particulier.

Summer pippin. — Elle n'est pas moins grosse que le *Fall pippin*, a une saveur fort agréable et mûrit en décembre.

FRUITS D'HIVER.

Fillette — M. Bravy indique sous ce nom une pomme d'une belle grosseur, d'excellente qualité, mûrissant en décembre et janvier.

Mme Adanson donne sous le même nom une variété à fruit petit, mais parfait, ayant quelque rapport avec le Fenouillet jaune et se conservant jusqu'à la fin de l'hiver.

Calville rouge d'hiver. — Beau fruit, à peau d'un rouge violet, à chair fine, grenue, légère, teintée de rose, à parfum très agréable. Il en existe plusieurs sous-variétés plus ou moins colorées de rouge à l'extérieur et à l'intérieur. On peut les conserver jusqu'en février et même en mars. Mais, passé janvier, elles commencent à perdre de leurs qualités.

Fenouillet gris. — Fruit moyen, d'une saveur agréable et qui rappelle le goût d'anis. Maturité décembre à février. (Duhamel.) Il existe une sous-variété plus grosse, mais moins juteuse.

Fenouillet rouge. — Même forme et encore meilleur que le précédent. Se conserve jusqu'en mars. C'est le *Court pendu* de Laquintinie.

Reinette Daniel. — Assez grosse et bonne pomme. Maturité de décembre en mars. (Jamin-Durand.)

Reinette d'Espagne. — Très beau fruit, à peau fine, unie, d'un vert clair, jaunissant à la maturité, chair fine, relevée, bonne. Maturité de décembre à février. (Noisette.)

Barbarie. — Grosse pomme, à chair tendre, très estimée en Normandie, très fertile. Mûrit de janvier à mars. (Poiteau.)

Belle d'Angers. — Superbe, d'origine inconnue. Maturité de novembre à février. (André Leroy.)

Belle du Hâvre. — Très gros fruit, assez bon, mûrissant de janvier à mars. (Poiteau.)

Cœur de bœuf. — Fruit énorme, curieux par sa grosseur et sa couleur, qui rappellent bien le nom qu'on lui a donné. Il n'est que de 2e qualité. Maturité janvier et février. (Noisette.)

Doux d'argent (synonime *Ostogatte, Doux d'Angers*). — Pomme douce, juteuse, très estimée dans les environs d'Angers. Très fertile. Maturité décembre à mars. (André Leroy.)

Pearmain herefords'shire. — Gros fruit, de 1re qualité, très fertile, mûrissant de novembre à mars. D'origine anglaise. (Thompson.)

Reinette d'Allemagne. — Gros, chair tendre et de bonne qualité. Maturité de décembre à février. (André Leroy.)

Reinette d'Angleterre. — Gros, superbe, excellent cru et cuit. Fertile. Maturité de novembre à février. (Duhamel.) Il est très cultivé, et avec raison, aux environs de Bourges.

Courtpendu (synonime *Reinette des Belges*). — Petit, mais excellent fruit, très cultivé en Belgique. Maturité février et mars. (Noisette.) Les Belges en distinguent plusieurs autres variétés : le *Franc*, qui mûrit en mars; le *Gris* et le *Plat*, qui mûrissent en janvier et février et sont d'assez grosses pommes, et enfin le *Sanguin*, petit fruit mûrissant en mars.

Reinette Ontz. — Très beau et très bon fruit, qui mûrit de décembre à mars. (André Leroy.)

Reinette Thouin. — Fruit moyen, fertile et l'un des meilleurs à manger cru. Maturité de décembre à mars. (Jamin-Durand.)

Cadeau du général (synonime *Vaugoyeau*). — Gros fruit, peau fine, chair assez agréable, quoique cassante. Maturité de janvier à mars. (Jamin-Durand.)

Bedford' shire foundling. — Belle pomme, de 1re qualité, très fertile. Maturité de novembre à mars. Originaire d'Angleterre. (Thompson.)

Newton pippin. — Pomme de grosseur moyenne, née à Newton en Amérique, la plus cultivée dans cette contrée, à cause de ses excellentes qualités et de sa grande fertilité. Il s'en fait un commerce d'exportation considérable. Maturité en mars. (Coxe.)

Ribston pippin. — Gros et excellent fruit, importé d'Angleterre. Maturité janvier et février. (Thompson.)

Ornement de la table. — Belle et bonne pomme, originaire de la Russie méridionale et qui mûrit dans le courant de l'hiver. (Audibert.)

Reinette mononisten. — De même origine et de même qualité. Mûrit en janvier. (Audibert.)

On doit à MM. Audibert les importations américaines suivantes :

Burligton's Bonaparte or New Jersey greening. — Fruit assez gros, d'un vert blanchâtre, jaunissant à la maturité, excellent. Maturité de novembre à janvier.

Domine. — Parfait, assez gros. Même époque de maturité.

Monmouth greening. — Très beau, mûrissant de décembre à février.

Orange apple. — D'un admirable coloris, très juteux. Maturité décembre à février.

Vermont non pareil. — Belle et bonne variété, mûrissant en janvier.

Fruits de fin d'hiver et de printemps.

Calville blanche d'hiver. — C'est sans contredit la meilleure des pommes. Elle est grosse, fortement côtelée, avec un coloris brillant. Sa chair fine a un parfum aussi délicat qu'agréable. Elle commence à mûrir en décembre et se conserve jusqu'en avril.

Belle de Saumur. — Gros fruit, fort bon. Maturité février, mars et même avril.

Reinette du Vigan. — Gros, à peau blanche jaunâtre, chair fine, relevée, excellente. Maturité de décembre à avril. (Bravy.)

Reinette grise de Champagne (synonime *Reinette de Versailles*). — Moyen, assez bon. Maturité décembre à avril. (Duhamel.)

Postophe d'hiver. — Très gros fruit, de bonne qualité. Mûrissant de février en mai.

Reinette de Grandville. — Pomme poire de Duhamel. Assez grosse, très fertile et très bonne, se conservant jusqu'en mai.

Baldwin. — Gros fruit, excellent, très productif, et l'un des plus estimés en Amérique, d'où il a été importé en Angleterre. Maturité décembre à mai. (Thompson.)

Northern spy. — Gros, chair tendre et fine. Maturité de janvier à mai. (Horticult.-Magazine.) Importé d'Angleterre.

Parfumed Demisourq. — Assez gros, de 1re qualité. Maturité en hiver. (Jamin-Durand.) Originaire d'Angleterre.

Reinette blanche ou *Blanc dur.* — Assez gros, très fertile, se conservant avec toutes ses qualités pendant tout l'hiver. (Jamin-Durand.)

Belle de Cuzy. — Trouvé dans les environs de Luzy (Nièvre) par M. Auguste Desfossés, qui le premier l'a mis dans le commerce. C'est une très belle et très bonne pomme, qui ne le cède en rien à aucune de celles que nous venons de citer. Maturité fin d'hiver.

Reinette grise. — Gros et bon fruit, l'un des plus cultivés. Commence à mûrir en février et se conserve jusqu'en mai. (Bravy.)

De Sarreguemines. — Moyen et très bon fruit, se conservant tout l'hiver. (Jamin-Durand.)

Api. — Sous ce nom, nous possédons différentes variétés, qui sont très distinctes : *Api rose* ou *Petit*, décrit par Duhamel, fruit petit, très joli, d'un brillant coloris, très fertile, mûrissant de janvier à mai ; *Api gros* ou *Pomme de rose*, décrit par Duhamel, fruit moyen, moins délicat et se conservant moins longtemps que le précédent ; *Api noir*, petit, très fertile, remarquable par sa couleur noire foncée, maturité en décembre ; *Api étoilé*, strié, se conservant jusqu'en juin.

Reinette du Canada blanche ou ordinaire. — Très gros, tendre, très fertile. Maturité de décembre en mai. (Poiteau.) Tout le monde connaît ce magnifique et excellent fruit qui, avec du soin, peut se conserver jusqu'en juillet.

Reinette du Canada grise. — Un peu moins gros, mais non moins méritant, à peau et chair semblables à celle de la reinette grise. Se conserve encore plus longtemps que le précédent.

Reinette franche. — On connaît sous ce nom un grand nombre de variétés fort distinctes. Voici les principales que nous connaissons : *Reinette franche ordinaire*, décrite par Duhamel, de moyenne grosseur, ronde, jaunissant et se ridant à sa maturité ; *Reinette franche à côtes*, plus grosse, légèrement côtelée, peut-être plus fine de chair que la précédente (Jamin-Durand.); *Reinette lisse*, plus petite, à peau lisse, de forme un peu oblongue, se tachant souvent en plein vent, très juteuse ; *Reinette verte*, se distingue par la couleur de sa peau. Elle est très bonne. Toutes ces variétés se conservent jusqu'au milieu du printemps.

Reinette très tardive. — Grosse, saveur et jus agréables. Une de celles qui se conservent le mieux et le plus longtemps. (Jamin-Durand.) C'est un gain de M. Léon Leclerc.

MM. Audibert ont introduit d'Amérique, entr'autres, les fruits suivants :

Cheesboro russet, mûrissant de janvier à juin.

Green russet, même époque de maturité.

Lady's Finger, mûrissant de novembre à à avril.

New-Jersey greening, de novembre à juin.

Nine partner little russet, se conservant toute une année.

Dans ces dernières années, M. Jamin-Durand a mis dans le commerce, pour les diverses saisons, une foule de variétés nouvelles qu'il a importées de l'étranger et notamment d'Angleterre. Comme elles n'ont pas encore fructifié dans notre jardin, nous nous contenterons d'indiquer les suivantes, qui nous ont été spécialement recommandées : *Victoria apple, Damelow's seedling, Bleinheim pippin , Cherry pippin, Early Harvest, Hawthordean, Summer golden pippin*, etc.

Quant au Berry, deux fruits lui sont particuliers et sont surtout cultivés aux environs de St-Martin-d'Auxigny. Ce sont : la pomme *Bure*, qui est de très longue garde, et le *Bec-d'oie*, fort joli, qui a des qualités dignes d'attention. S'il était cultivé sur paradis, il gagnerait encore en mérite et en volume.

Le pommier se multiplie par la greffe en fente ou l'écusson. Quatre sortes de sujets sont employés, le paradis, le doucin, le franc et le sauvageon des bois.

Le paradis donne les petits pommiers nains que l'on forme en gobelets et qui fournissent ces beaux et excellents fruits de table, un véritable luxe de l'amateur. Tout jardin soigné doit avoir des paradis. Ils vivent peu ; mais avec une taille intelligente on peut les faire durer de 20 à 30 ans.

Ils exigent deux précautions essentielles. En plantant les sujets, il faut tenir la greffe à quelques centimètres au-dessus du sol, autrement des racines pousseraient aux dépens de la greffe ; elles s'enfonceraient dans le sol et l'on aurait des arbres affranchis qui deviendraient des plein vent.

En second lieu, le paradis drageonne beaucoup : si on n'a pas le soin d'arracher tous les rejetons, au fur et à mesure qu'ils paraissent, ils nuisent à la fructification et finissent par épuiser le pied mère.

Le paradis n'est pas difficile sur la qualité du terrain. Il en est de même du doucin, dont la taille tient le milieu entre le paradis et le franc. Il fait de bons nains dans les sols les plus maigres. Dans les bonnes terres, on l'emploie pour les pyramides et les contr'espaliers. Nous devons dire que les pyramides donnent peu de fruits, mais les contr'espaliers se chargent beaucoup.

Les arbres à haute tige se greffent sur le franc ou le sauvageon. Malgré l'avis de quelques pomiculteurs, nous préférons le dernier, par les mêmes motifs que nous avons donnés à l'article du *Poirier*.

Sous cette forme, le pommier est par excellence l'arbre des vergers, et il donne des fruits en grande abondance. Les sols très secs, les terres crayeuses ou d'argile pure ne lui conviennent pas. Mais il est bien moins délicat que le poirier. Il acquiert toute sa beauté dans les terres franches et substantielles, dans celles qui ont de la fraîcheur sans humidité stagnante.

Pour former la tête du pommier, il faut choisir trois ou quatre jeunes pousses des plus vigoureuses et des mieux placées, que l'on taille pendant les trois ou quatre premières années au tiers ou aux deux tiers de leur longueur. Plus tard, il ne reste qu'à le débarasser du bois mort et à éclaircir l'intérieur, de manière à ce que l'air y circule librement.

Si quelques branches trop surchargées de fruits se penchent vers le sol, on aura le soin de les étayer : si elles se déformaient et s'arquaient, on rabattrait l'année suivante au sommet de l'arcure, et l'on profiterait des nouvelles pousses pour reformer l'arbre.

Tous les ans un binage au pied de l'arbre et tous les trois ans une fumure, l'entretiendront en santé et vigueur.

Souvent des pommiers déjà âgés et d'une belle taille, épuisés par les ans ou des fructifications trop abondantes, ne donnent plus que des pousses sans vigueur, des bourgeons avariés, des fruits indigestes et sans saveur, on peut les rajeunir, en rabattant toutes leurs branches à environ 60 centimètres du tronc. On fume copieusement l'arbre et l'année suivante il repousse avec vigueur.

Souvent aussi il existe dans nos campagnes de magnifiques sauvageons ou des pommiers de variétés inférieures. On les rabat à 25 ou 30 centimètres et on les laisse émettre toutes leurs pousses au printemps. L'année suivante on choisit et on ne conserve que cinq ou six de ces pousses pour les écussonner ou les greffer avec une bonne variété. Au bout de cinq ans, on commence à obtenir des récoltes d'une certaine valeur, et bientôt l'arbre fructifie pleinement.

§ 4. — LE COIGNASSIER *(Cydonia)*.

Cet arbre ne demande aucun soin particulier. Il vient en plein vent; les terres fraîches et légères sont celles dont il s'accommode le mieux.

On connaît le *Coing commun*, qui est moyen et turbiné; celui à *fruits longs* ou *Coing poire*, qui est gros et long; une autre variété à *fruits ronds* ou *Coing pomme*. Les meilleurs sont le *Coing d'Angers* et celui de *Portugal*, qui sont gros et turbinés.

La saveur du dernier est moins forte que dans les autres variétés.

§ 5. — LE NÉFLIER *(Mespilus)*.

Toute terre et toute exposition lui conviennent également. On le greffe sur aubépine et sur coignassier.

Les variétés réussissant dans le centre de la France sont les suivantes :

Commun des bois. — Petit, rond, roux. (Duhamel.)

A gros fruits. — Gros, applati, roux brun. (Duhamel.)

A fruits sans noyaux. — Petit, un peu oblong, roux.

A fruits monstrueux. — Très gros, applati, roux.

Nous ne parlerons pas ici du *Sorbier* ou *Cormier*, que nous ne pouvons classer parmi les arbres domestiques et qui, d'ailleurs, ne figure guère dans les jardins fruitiers.

Art. 9. — Fruits en baies.

On appelle *baies*, les fruits de certains végétaux, qui appartiennent à diverses familles. Nous n'avons à traiter que de ceux qui mûrissent bien sous notre climat, savoir : le *Groseiller*, le *Framboisier* et la *Vigne*.

§ 1er. — GROSEILLER (*Ribes*).

Nous distinguerons le *Groseiller épineux*, le *Groseiller à grappes* et le *Groseiller cassis*.

Les Anglais et les Américains ont obtenu par le semis un grand nombre de variétés du groseiller épineux. Ils sont parvenus à créer des fruits d'une grosseur vraiment extraordinaire et très différents de forme, de saveur et de couleur.

Nous recommandons les variétés suivantes :

Parmi les variétés françaises, la *Jaune grosse*, la *Jaune ronde*, la *Jaune rosée*, la *Rose carnée*, la *Verte longue*, la *Verte ovoïde*, la *Verte transparente*, la *Jaune ambrée transparente*, la *Jaune mat*, la *Jaune ovoïde*, la *Violette foncée*, la *Violette oblongue*.

Parmi les variétés anglaises et américaines, *Alexander's magnus*, *Duke of Bedford*, *Prince régent*, *Long red*, *Golden drop*, *Emperor*, *Superior Triomphant*, *Great britain*, *Green wood*, *Golden chain*, *Smuggler*, *Beauty of Norforth*, *Bang Europe*, *Balloon*, *Mountainer*, *Bockwood*, *Trafalgar*, *Chershire Low*, *Echo*, *Julder*, *Lion orangé*, *Rock Wood*.

Le groseiller à grappes offre quelques variétés intéressantes et trop peu cultivées. Nous conseillons de planter :

Le *Commun à fruits rouges*, le *Commun à fruits blancs*, le *Commun à fruits couleur de chair*, le *Gondouin rouge* et le *Gondouin blanc ;* longues grappes et gros fruits. Ils sont un peu acides, mais très bons en confitures. Il en est de même du *Groseiller cerise*, dont les fruits sont encore plus gros.

Mais à ceux-là nous préférons : la *Groseille Cerise de Tourés*, la plus grosse variété connue ; la *Fertile de Paluau*, remarquable par sa fécondité ; le *Hâtif Bertin*, le *Groseiller de Hollande à longues grappes* et le *Versaillais*.

Quant au cassis, nous avons le *Noir*, le seul qui soit cultivé en Berry ; le *Jaune*, qui est peu mangeable, et le *Royal de Naples*, le plus mangeable des trois.

Les groseillers s'accommodent de tous les sols et de toutes les expositions : mais leurs fruits sont meilleurs dans les terrains secs et calcaires et en plein air. Pour avoir de beaux produits, il ne faudrait pas les laisser venir, comme on le fait trop, en grosses boules et comme des buissons touffus, mais les diriger de manière à ce qu'ils pussent recevoir l'air et le soleil, par exemple en palmettes ou en vases, que l'on éclaircirait à l'intérieur et dont le bois serait taillé long. M. Bravy conseille de les placer au bord d'une eau courante. Mais cette méthode nous a peu réussi.

§ 2. — FRAMBOISIER *(Rubus Idœus).*

La framboise paraît sur nos marchés dans un état qui ne permet guère de soupçonner ce que l'on peut en obtenir ; pour faire mieux, il suffit de changer les variétés et le mode de culture.

Nous conseillons de renoncer au *Framboisier commun*, le seul à peu près que l'on connaisse dans le Berry et de planter quelqu'un des suivants :

Des deux saisons à fruits blancs. — Moyen, rond, blanc, remontant.

Des deux saisons à fruits rouges. — Moyen, conique, rouge, très remontant.

Des deux saisons à gros fruits. — Gros, conique, rouge, bifère.

Double Bearing. — Variété anglaise, grosse, ronde, rouge, la plus belle et la plus fertile des bifères.

Du Chili. — Grosse, ovoïde, rouge.

Jaune d'Anvers. — Grosse, conique, jaune.

Falstof. — Conique, rouge, la plus belle et la plus grosse de toutes.

On plante ordinairement le framboisier à l'ombre et au nord et on l'abandonne à lui-même en le laissant dans le même sol pendant longues années. Tous ces procédés sont vicieux ; avec eux on n'obtient que de petits fruits, peu abondants et souvent remplis de vers.

Le framboisier doit, au contraire, être planté en plein carré, de manière à être exposé à l'action de l'air et du soleil. On trace des rigoles de 18 centimètres de profondeur, en rejetant la terre de chaque côté et espaçant ces rigoles à un mètre au moins les unes des autres : puis chaque pied s'établit à un mètre dans le sens de la rigole, en ne le couvrant que d'une partie de la terre, relevée en ados. Chaque année, on recouvre le plant d'un peu de cette terre, que l'on fume modérément ; chaque année encore et au mois de mars on enlève le bois mort et on ne laisse à chaque pied que trois à quatre rejetons tout au plus. On taille ces rejetons à un mètre environ de hauteur pour les variétés vigoureuses et à 60 centimètres pour celles qui sont plus faibles.

De cette manière on obtient les fruits les meilleurs, les plus beaux e les plus abondants et une plantetion peut durer 7 à 8 ans. Après ce délai, le sol est épuisé et il faut planter ailleurs ses frambroisiers.

§ 5. — VIGNE *(Vitis.)*

Nous ne nous occupons que des fruits de table, et comme à l'article de la taille nous rendrons compte des méthodes nouvelles qui sont employées avec un grand succès, nous n'avons maintenant qu'à signaler les variétés qui nous paraissent les plus méritantes pour l'objet que nous avons en vue.

Raisin blanc précoce de Kientsheim. — Gros, moyen, long, blanc, mûrissant fin août, très beau et très précoce. (André Leroy.) Il est originaire de la Crimée.

Chasselas de Fontainebleau. — Gros, long, doré, très fertile. Maturité fin d'août. (Poiteau.) Sa supériorite est trop bien reconnue, pour qu'il ait besoin d'être recommandé.

Chasselas royal rose. — Gros, long, rose. Maturité fin août. (Comte Odart.) Originaire du département de l'Hérault.

Franken-thal (*Black amburg* en Angleterre). — Gros, à grains serrés, noir, très fertile. Maturité fin de septembre. (Comte Odart.) Superbe et excellent raisin, originaire d'Autriche.

Grômier du Cantal. — Il est de la plus grande beauté, rose et très fertile. Mûrit en octobre. Il a besoin d'une exposition chaude au midi. Il a , si nous ne nous trompons, été mis dans le commerce par M. Barbot.

Grosse Perle blanche. — Grains énormes, raisins blancs, peu fertile. Mûrit fin de septembre. (Comice horticole d'Angers.) Il est originaire du département de Seine-et-Marne. On connaît une autre variété sous le nom de *Grosse Perle du Jura.*

Madelaine noire (synonimes *Morillon hâtif du Jura*, *Noir précoce de Génes, Ischia*), — Il est petit et n'a d'autre mérite que d'être très précoce. Il mûrit fin juillet. (Duhamel.) Originaire du département de la Seine. Il y a une variété de *Morillon noir* originaire du Bas-Rhin.

Nous avons une autre variété nouvelle tout aussi hâtive et bien plus méritante, c'est le *Précoce Malingre*, dont la grappe est moins serrée , ce qui évite la pourriture dans les étés pluvieux. Les grains sont blancs , plutôt légèrement ovales que ronds, sucrés et de bonne qualité.

Puis vient la *Madelaine blanche* , déjà assez anciennement connue, se rapprochant du *chasselas* et qui mûrit tout-à-fait au commencement d'août. (Jamin-Durand.)

Saint-Pierre de l'Allier (synonime *Joannenc*). — Gros, long, blanc. Maturité commencement d'août. Il est déjà connu depuis longtemps en Nivernais.

Muscat d'Alexandrie. — Gros , à grains serrés, jaune. Maturité octobre. La tradition attribue au roi Réné l'introduction des muscats dans le midi de la France; mais celui-ci est cultivé depuis longtemps à Frontignan. Pour mûrir sous notre climat, il a besoin d'une exposition au midi et d'une année chaude.

Il en est de même du *Muscat gris* et du *Muscat noir.*

Muscat fleur d'oranger (synonimes *Chasselas musqué* , *Tokai musqué*). — Gros , serré , blanc. Maturité fin de septembre. Délicieux, si on le plante dans un terrain sec et à l'exposition du midi.

Chasselas Napoléon (synonimes *Panse jaune).* — Gros, long, jaune, Mûrissant en septembre. Superbe et excellent fruit, obtenu par Larose, jardinier au château de Neuilly.

De Schiras. — Noir, grappes et grains ovales, très gros, peu serrés, de 1re qualité. Mûrit très facilement en septembre, aux expositions du levant, du midi et du couchant. (Léon Leclerc.)

Noir d'Espagne. — Grappes fortes, grains assez gros et de 1re qualité, le plus souvent à un seul pépin. Réussit au midi et au couchant. (Jamin-Durand)

Chasselas de Florence. — Gros, long, blanc. Maturité fin d'août. Fruit exquis. (André Leroy.)

Gros Coulard (synonime *Froc Laboulaye).* — Raisin blanc, très beau et très bon, mûrissant fin d'août, obtenu par M. Vibert, d'Angers.

Ténéron. — Gros, à graines serrées, blanc, très fertile. Maturité en septembre. Aussi beau que bon.

Vert de Madère. — Gros, blanc, très sucré, excellent. Maturité septembre. (Comte Odart.)

Gros Guillaume. — Gros raisin à grains noirs ronds, mûrissant en septembre. Originaire de Vaucluse.

Ulliade. — Gros, ovale noir. Maturité fin septembre. Originaire des Bouches-du-Rhône.

Si l'on veut avoir une connaissance plus complète et détaillée des nombreuses variétés de vignes, de leurs qualités et de leurs usages divers, il est nécessaire de consulter l'ouvrage remarquable de M. le comte Odart *(Ampélographie universelle).* La France, il y a quelques années, possédait au Luxembourg une collection unique en Europe : on y avait rassemblé les plants de toutes les parties du monde ; mais, en 1848, un ministre voulut employer les bras de quelque atelier national, et il ne trouva rien de mieux à faire que de bouleverser la collection en y faisant faire des travaux de terrassement. Celui-là demeurera célèbre dans les fastes du vandalisme !

Les terres calcaires, légères et chaudes sont celles qui conviennent le mieux à la vigne. Ses fruits sont insipides dans les sols humides ou argileux. Le bon raisin de table ne s'obtient que sur les treilles appliquées le long des murs, à une bonne exposition. Qulques variétés exigent absolument le midi : nous les avons signalées plus haut.

Ici se termine la première partie de notre travail, celle qui avait pour objet d'indiquer et de faire connaître au planteur les variétés sur lesquelles il doit de préférence porter son choix.

FIN DE LA PREMIÈRE PARTIE.

Bourges, Imprimerie de Veuve MÉNAGE, rue Paradis, 16.